욕심 많은 아내가
더 행복하게 사는 법

# 욕심 많은 아내가 더 행복하게 사는 법

초 판 1쇄 2023년 06월 26일

**지은이** 장은진
**펴낸이** 류종렬

**펴낸곳** 미다스북스
**본부장** 임종익
**편집장** 이다경
**책임진행** 김가영, 신은서, 박유진, 윤가희, 정보미

**등록** 2001년 3월 21일 제2001-000040호
**주소** 서울시 마포구 양화로 133 서교타워 711호
**전화** 02) 322-7802~3
**팩스** 02) 6007-1845
**블로그** http://blog.naver.com/midasbooks
**전자주소** midasbooks@hanmail.net
**페이스북** https://www.facebook.com/midasbooks425
**인스타그램** https://www.instagram/midasbooks

© 장은진, 미다스북스 2023, *Printed in Korea*.

**ISBN** 979-11-6910-264-3 03190

값 16,800원

**미다스북스**는 다음세대에게 필요한 지혜와 교양을 생각합니다.

장은진 지음

# 욕심 많은 아내가
## 더 행복하게 사는 법

미다스북스

저를 응원해 준 남편과 아들

그리고 요양원에 계시는 친정아버지에게


이 책을 바칩니다.

우리의 삶은 쌀독과 같아서 제때 쌀을 채워놓지 않으면

허기와 결핍으로 이어지는데 그러지 않기 위해서

항상 마음의 곳간을 쌓아놔야 할 것이다.

- 프롤로그 中 -

프롤로그

## 살다 보니 "있는" 것보다 "없는" 것 투성이더라

내가 결혼하고 아이를 키우니 예전에 내가 뭘 잘했고, 관심이 있었는지 도통 알 수 없게 됐다. 불과 몇 년 전까지 삐까뻔쩍한 회사에 입사해 자신감 넘치던 난 "없는" 아내로 전락하고 말았다. 아이에게 자신감이 넘치는 엄마의 모습을 보여주지 못하고, 남편과 중요한 의사결정을 해야 하는 순간에 입김을 넣을 수조차 없었다. 그토록 원하던 결혼 생활을 이어갔지만, 당시의 나는 바라던 삶을 살지 못했다. 이 글을 읽는 당신은 어떤가?

이런 나라도 예전부터 열정 없는 사람은 아니었다. 내 삶의 시작은 사랑스러운 막내딸이었고, 명랑한 학생이었으며, 성인이 되서는 삶이라는 무대 위에 스포트라이트를 받았고, 망설임 없이 도전했다. 열정 넘치던 나의 젊은 시절에는 스스로를 능력 있는 사람이라 믿었다.

회사에 다니고 결혼하면서 와이프이자 아이의 엄마가 되면서 내 삶은 달라졌다. 오롯이 내가 정한 목표만을 위해 달려온 지난날과 달리, 회사에서는 조직 목표에 끌려다니기 일쑤였고, 가정에서는 육아, 가사, 시댁과의 관계로 몸이 열 개라도 모자랐다. 뭣 모르고 한 결혼 이후 육아, 가사, 일 어느 것 하나 수월하지 않았다. 엎친 데 덮친 격으로 결혼 초기에 가정불화를 겪으면서 나의 삶은 1보 전진은커녕 2보 후퇴의 나날이 이어졌다.

이렇게 시작한 "없는" 아내. 소싯적에 뭘 좋아하냐는 질문에 미술을 잘한다든지, 외국어 공부를 좋아한다고 곧잘 말했는데 30대 중반에 접어들면서 내가 뭘 잘하는지 도통 알 수 없게 됐다. 누가 나의 지난 세월을 듣고 "일본 유학 경험이 있네요? 그럼 일본어를 잘하겠어요?"라는 질문에 난 손사래를 치며 "거의 잊어버렸어요."라고 말해버렸다. 바쁜 일상 속에 어느 것 하나 자신이 없었다.

왕년에 자신감 넘치던 아내들은 다 어디 갔을까? 단 1%의 능력자 "수능 고득점자 아내", "언어 능력자 아내", "육아 고수 아내", "돈 잘 버는 아내"는 바쁜 현실 속에 타협하며 그들의 삶이라는 무대 위에 남편과 아이를 올려놓고 자진해서 엑스트라로 있는 현실, 그래서 "없는" 아내로 전락해 버린 게 아닐까.

"없는" 아내가 이어진다면 문제의 원인이 어디서 비롯되는지 생각해 볼 차례다. 원인의 십중팔구는 나임을 알아차리게 되는데, 내 경우에는 타인에게 의존하려는 성향에서 비롯했음을 깨닫고 경제적 독립과 주체적인 삶을 살겠다고 결심했다. 이후 독서와 운동을 하고 혼자만의 시간을 가지면서 지난 세월 속에 쌓인 마음의 상처를 치유하며 스스로를 다독였다. 운동으로 힘이 붙으니, 앞으로 어떻게 살아갈 것인지 실행할 힘이 생겨났고 (최소 노후 대비로) 국민연금 10년 불입까지 회사에 다니자는 목표를 세웠다. 이후 내 인생을 바라보는 시야가 넓어지면서 부동산 투자 공부를 이어갔다.

"자신감 있는 아내"

"경제력 있는 아내"

"육아 자신감 있는 아내"


내가 원하는 "있는" 아내는 이러하다. 앞선 나의 경험을 살려 이 책을 써 내려가는 지금도 육아, 재테크, 일 세 마리의 토끼를 잡기 위한 장기 프로젝트를 이어가는 중이다. 삶의 변화가 절실해질 때면 새벽에 기상해서 글쓰기와 독서, 그리고 유튜브에 올릴 영상 편집을 하며 타이트한 하루를 보낸다. 물론 365일 내내 미라클모닝을 이어가지 않고 몸이 피로하면 가사와 육아를 내려놓고 충분한 휴식을 취한다.


우리의 삶은 쌀독과 같아서 제때 쌀을 채워놓지 않으면 바닥이 드러나 "없는" 아내가 되기 마련이다. 허기와 결핍으로 이어지는데 그러지 않기 위해서 항상 마음의 곳간을 쌓아놔야 할 것이다. 나 역시 지난 성공 경험을 뒤로한 채 "없는" 아내로 되돌아간다면 이 책이 나를 일으켜 주는 힘이 되어 빈 곳간에 양식을 채워나가겠다. 마지막으로 이 책이 결핍과 불안으로 고생하는 이에게 작은 도움과 희망이 된다면 더 바랄 것이 없겠다.

1장.
"없는"
아내의 서막

2장.

"없는"
아내의 고군분투기

3장.

"있는" 아내로의 전환
- 경제력 있는 아내

6장.
"있는"
아내의 완성

# 1장

## "없는" 아내의 서막

# 내 인생의 황금기

삼류 인생이었다. 수도권대학의 조리과를 졸업해서 요리사로 일하다 무슨 바람이 불었는지 푸드 스타일링을 배우겠다고 일본에 갔다. 포부 넘치게 간 유학길이었지만, 요리 학교 진학은 좌절한 채 비즈니스 전문 학교에서 2년간 공부하다 귀국했다. 당시 내 나이 서른, 나의 어설픈 학력과 경력으로 일을 구하지 못한 채 취업준비생이 되어 연로한 부모님의 지원을 받아 관광가이드 학원과 토익 학원에 다녔다.

취준생이었던 8개월 동안 매일 10시간씩 공부해서 일본어 관광가이드 자격증과 토익 점수를 만들었다. 성인 ADHD에 가까울 만큼 집중력이 부족하던 내가 영어 점수를 올리고, 일본어 관광가이드 자격증을 취득할 수 있었던 건, 4년간 일본에서 느꼈던 절박함 때문이었다. 타국에서 자력으로 공부해야 했기에 주 6일 아르바이트를 하며 일본어와 전공 공부를 이어가는 등 내 나름대로 노력했지만, 현실은 달랐다. 내 친구들과 비교해서 나는 가진 게 아무것도 없었기 때문이었다. 어느 친구는 직장에 다니며 연차를 쌓아갔고, 또 다른 친구는 결혼해서 아이를 키워갔기에 가진 게 없던 난 스스로가 조바심이 났었다. 절박함은 내가 딱딱한 의자에서 일어서지 못하게 결박했는데 덕분에 단기간에 취업할 수 있었다.

2011년에 일본어 관광가이드를 취득하고 곧바로 여행사에 취업했는데 당시에는 해외 관광객이 한국을 많이 방문하던 때라 잔대가 굵은 관광가이드가 돈을 많이 벌었다. 관광가이드의 수익은 여행사에서 주는 약소한 일당과 여러 가게에서 커미션을 주는데, 이를테면 관광객이 가이드가 소개한 음식점, 기념품점, 화장품 가게, 마사지 가게, 성형외과에 가서 돈을 쓰면 일부의 커미션을 주는 방식이었다. 당시 동료 가이드 중에 손이 큰 손님을 만나 잭팟이 터졌다는 영웅담이 들려왔다.

 가족 또는 지인 중에 관광가이드가 있다면 지난 10년간 어떤 일이 있었는지 잘 알 것이다. 내가 관광가이드 자격증을 따고 몇 년 후에 북핵 위기와 사드 사태로 관광가이드 일감이 줄어들더니 2020년 코로나 유행으로 여행업계는 큰 타격을 받았다. 2011년에 외국인으로 북적였던 서울 명동은 코로나 유행으로 외국인을 찾아보기 어려워졌고, 비싼 임대료를 감당하지 못하고 폐업한 가게가 부지기수였다. 그리고 많은 여행사가 줄지어 폐업했다. 다가오는 관광 산업의 미래를 알아차렸는지 나는 여행사에서 일한 지 한 달 만에 일본계 무역회사에 이직했다. 언젠가 내게도 잭팟이 터지지 않을까 하는 기대감도 있었지만, 남자친구와 결혼을 앞두고 있었기에 모험보다는 안정적인 직장이 필요했다.


 그 해 준공한 새 건물에 위치한 전 회사는 시설, 주위 환경 어느 것 하나 빠질 게 없었다. 면접 때 들어섰던 회사 로비에 깔린 대리석 바닥은 내 화장품 케이스에 있는 거울보다 말끔하게 보였다. 회사 건물 앞에는 청계천이 흘렀고, 그 뒤로 저 멀리 북한산이 우뚝 솟아 있었다. 그리고 관광가이드를 하면서 자주 드나들던 명동 시내와 명동 성당이 한눈에 보였다. 이곳에 일하면서 정장을 입고 출퇴근하는 세련된 사람들에 섞여 회사에 다니면서 배산임수의 좋은 기운을 받아서 그런지 생각지도 않은 인생 대전환을 맞이했다.

전 회사에 계약직으로 입사하고 보니 나의 동기들과 나는 아주 달랐다. 그들과 나는 같은 비정규직이었지만, 동기들은 수도권 4년제 대학교 출신에 외국어 능력이 출중하고 업무 처리 능력이 뛰어나서 정규직 전환이 보장됐었다. 반면 학력과 어학 수준 등 모든 면에서 형편없던 나는 정규직 전환이 불확실했기에 고급 일본어와 영어 공부를 했고 컴퓨터 활용 능력을 향상했다.

나와 동료 간의 차이점은 어학 능력뿐만이 아니었다. 그들은 나와 자라온 환경이 달라서였을까? 자연스럽게 자신의 생각을 표현하는 그들의 대화 능력이 지적으로 보이면서 부러웠다. 하물며 같은 언어로 대화하는데 나와 대화방식이 다를까 하는 생각이 들면서 그들과 친해지고 싶었다. 마치 담이 높은 집에 사는 사람을 동경해서 그들과 친해지고 싶었던 드라마 〈파친코〉의 하나 같았다고 할까? 내가 30여 년을 살면서 처음 겪는 지적

호기심에 나는 내 동료들과 어울리기 위해 난 여러 부서의 회식에 자진해서 참여했고, 동료들의 직급, 나이, 성별과 관계없이 술잔을 기울였다.

술자리의 1차는 음식점에서 반주했고, 2차는 흥을 돋우기 위해 노래방에 갔다. 1차 술집에서는 난 넌센스 한 유머를 내뱉으면서 술자리의 흥을 올렸고, 2차에서는 아프로 가발을 쓰고 카라의 〈미스터〉와 슈퍼주니어의 〈쏘리, 쏘리〉 춤을 춰서 점잖게 자란 동료들에게 문화적 충격을 남겼고, 난 업무보다 술자리에서 나의 존재감을 여지없이 보였기에 내 인생 최악의 흑역사를 남겼다. 멀쩡하게 생긴 여사원이 반주에 맞춰 혼자 춤을 추는 일은 회사 창립 이래 전대미문의 일이었기에 당시 전 회사 동료는 나를 여자 개그맨, 사이코로 부르며, 나와 함께 일하고 싶다는 호평이 자자해졌다.

나의 음주 가무는 계약직이 끝날 때쯤 결실을 맺었는데, 전 회사는 내게 특무직으로 정규직 전환을 제안했다. 나는 안정적인 직장에서 일하고 싶었기에 그 제안을 바로 받아들였고, 곧이어 나는 특무직 전환시험을 치루고는 염원하던 정규직이 됐다. 내가 태어나서 30여 년 간 부모님을 기쁘게 해드리지 못했는데 나의 정규직 전환으로 아빠, 엄마는 크게 기뻐하셨고, 큰 형부는 축하 선물로 정장 원피스와 코트를 사줬다. 그리고 정규직 전환을 기점으로 오랫동안 사귄 남자친구와 혼사 얘기가 나왔다.

파친코의 하나가 죽는 순간에 헬리콥터를 타고 꿈에 그리던 하와이로 떠날 때와 같이, 당시가 나에게는 당시가 꿈을 이룬 황금기였다.

욕심 많은 아내가 더 행복하게 사는 법

## 남편과 운명적인 만남

2008년에 남편과 나는 도쿄의 어느 한 음식점에서 만났다. 당시 나는 삼겹살을 맛깔나게 잘 굽는 종업원이고, 그는 보호본능을 자극하게 할 만큼 하얀 얼굴에 왜소한 몸을 가진 손님이었다. 외향적인 나와 달리 낯을 가리던 남편은 좀처럼 말이 없었는데 서로에게 관심이 생기기까지 그리 많은 시간이 걸리지 않았다.

우린 한국 음식점이 즐비한 도쿄 신오쿠보에서 종종 만나서 오래전부터 알고 지내온 친구를 만나듯 시답잖은 이야기에 웃음꽃을 피웠다. 나는 남편이 재미있어서 호감이 생겼고, 남편은 내가 친절하게 해줘서 묘하게 끌렸다고 한다. 이른바 남사친와 여사친의 관계는 그리 오래 유지하지 못하고 어떤 계기로 사랑의 결실을 꽃피웠다.

내가 아르바이트하던 어느 날, 남편이 만나자고 연락을 했다. 내가 일이 끝나면 늦은 밤이었지만, 타국에서의 외로움은 시간에 구애받지 않았다. 어둠이 깔린 다카다노바바 역 광장에서 둘이 만났는데 나는 주방에서 덴뿌라를 튀기느라 얼굴과 머리에 기름 범벅이었지만 그나마 남편보다는 봐줄 만했다. 남편은 몇 주 전에 봤을 때보다 피골이 상접해 있어서 광대뼈가 드러났고, 잠을 못 잤는지 다크서클이 코까지 내려왔다. 못 본 사이에 그에게 큰일이 있었던듯 보였다.

혈색 없는 그의 얼굴을 보고 난 서둘러 편의점에서 가서 빵과 우유를 사서 남편에게 건넸지만, 그는 입맛이 없다는 말을 둘러대고는 그간 있었던 이야기를 들려줬다. 남편은 일본 유학에 오기 전부터 사귀던 여자친구와 장거리 연애를 이어갔지만, 얼마 전 전 여자친구가 갑작스러운 이별 통보를 했다고 한다. 그는 여자친구를 붙잡으러 한국에 갔지만 새로운 사랑을 시작한 그녀와 새로운 남자친구를 갈라놓지 못하고 일본에 되돌아왔고, 바이브의 〈술이야〉를 들으며 지난 사랑을 힘들어한다는 이야기였다.

타향살이에 그놈의 사랑이 뭔지, 결혼 상대를 만나기 위해 끊임없이 만남과 이별을 거듭해야 하는 건가 싶은 마음에 나의 가슴 한구석이 먹먹해져 갔다. 이런 동병상련의 감정 반, 두근거림 반이 더해져 나의 3평짜리 자취방에 이를 때까지 서로 꼬리에서 꼬리를 물며 이야기 삼매경에 빠졌다. 자정에 가까운 시간에 행인조차 없는 어두운 길을 걷던 우리는 전봇대 전등에서 나오는 불빛에 남편의 얼굴이 비춰졌는데 나의 재미없는 이야기에도 점차 미소가 피어올랐다. 묘한 분위기 속에 숫기 없는 그 대신 내가 먼저 그의 손을 잡아보고 싶었지만 용기가 안 났다. 분위기에 취해 나는 밤 공기가 스치는 방향으로 몸을 돌렸고, 그의 눈이 마주치고 그에게 한 발자국 다가가 첫 입맞춤을 했다. 그렇게 우리는 사귀는 사이가 됐다.

타국에서 오롯이 둘만 있어서였을까, 애틋했다. 저렴한 편의점 음료수를 하나씩 들고서 야마노테선의 신주쿠역-신오쿠보역-다카다노바바역을 걸어 다녔고, 집에서 귤 한 봉지 사서 같이 나눠 먹으면서도 우린 행복했다. 남편과 일본에서 있을 때 그의 자전거 뒷안장에 앉아 신오쿠보의 밤거리를 누볐던 추억이 가장 많이 떠오른다. 50킬로에 가까운 나를 뒷안장에 태운 채 오르막길을 오르자 안장에서 일어나 있는 힘껏 페달을 밟으며 그의 숨결이 거칠어졌다. 나는 걸어간다고 했지만 남편은 괜찮다며 극구 사양하며 끙끙대는 자전거를 몰았다. 시원한 밤공기가 남편의 목덜미에서 흐르는 땀을 내 뺨 위에 데려다줬다. 그의 땀에서 기분 좋은 바다향이 느껴졌다.

일본에서 그와 1년간 연애를 이어갈 때쯤 남편은 어학연수를 끝내고 한국에 돌아가야 했고, 나는 비즈니스 스쿨을 한 학기가 남아 있었기에 그와 아쉬운 이별을 해야 했다. 남편과 나는 서로 떨어져 있어도 잊지 말자며 커플링을 사서 나눠 꼈고, 한국에서 서로 자리를 잡으면 결혼하자고 약속했다.

어두운 골목길에 그의 자전거를 탄 날, 프랑스에 가서 남편이 내게 자전거를 타는 방법을 알려줘서 배운 지 1시간 만에 제대로 타게 된 날, 그렇듯 남편은 내게 안식처가 되어주었다가, 내가 혼자서 자전거 바퀴를 밟고 갈 수 있게 알려줬다. 연인 사이에 받을 수 없는 큰 사랑을 남편에게 받았고, 이렇게 인연이 된 남편과 나는 긴 인연의 터널 끝에 만나 마지막 사랑이 됐다. 타국에서 만리장성을 쌓고 6년째 되던 해에 우리는 식을 올렸고, 다음 해에 남편을 쏙 닮은 아들을 낳았다.

# 새앙쥐 레이스

"새앙쥐 레이스란? 평생 청구서만 내는 삶에 한 번 빠지고 나면 끊임없이 챗바퀴만 돌리는 작은 햄스터가 되고 만다."

밀리언셀러 『부자 아빠 가난한 아빠』에서 소개된 새앙쥐 레이스는 막 결혼한 우리의 상황과 들어맞았다. 남편과 결혼하기 위해서 2011년 겨울에 취업해서 결혼할 때까지 월급의 70%를 모았고, 감사하게도 부모님이 돈을 보태줘서 2014년에 우린 결혼했다.

고대하던 결혼이었기에 우리는 결혼의 단꿈에 젖어 있었다. 자린고비로 살아온 우리였지만 결혼이 무슨 대수라고 통 크게 썼다. 마치 지나친 소비 지출로 곳간(내 통장)은 텅텅 빌 정도로 겉치레가 이어졌고 허례허식에 연연했다. 회사 결혼 선배들의 조언을 받고 백화점 가전제품 판매대에서 가전제품을 최신 사양으로 전부 맞췄고, 브랜드 가구 쇼룸에 가서 안방과 거실 세트를 구입했다. 당시에 남편은 경차를 몰았는데 명품 샵이 즐비한 청담동의 스튜디오와 드레스숍, 미용실을 가서 주차하면 발레파킹 비용으로 만 원씩 줘야 했다. 청담동은 경차 할인도 없이 모조리 한 장씩 쥐어줘야 하더라.


시댁에 보낼 예단에 넣을 이불과 반상기, 식기, 예단비를 보내고, 커플 다이아몬드 반지를 나눠 끼니 어느새 우리는 결혼식을 올리고 있었다. 그리곤 머리에 얹은 가채를 뺄 새도 없이 결혼식이 끝나기 무섭게 로마행 비행기를 타고 신혼여행에 갔다. 로마와 프랑스에서 로맨틱한 추억을 쌓고 시어머님에게 드릴 명품 백 하나와 내가 신을 명품 구두 두 켤레를 짊어지고는 귀국했다. 이렇게 아낌없이 돈을 쓰고 신혼여행을 다녀와서 결혼식 하객 리스트와 결혼식 영상을 받아볼 때쯤, 우리에게 남겨진 건 허울 좋은 전세 집과 새 가전제품과 가구, 그리고 텅텅 빈 통장 잔고였다. 이때 쓴 돈은 결혼 세레모니를 위한 소비였기에 우리의 미래 자산 가치를 폭락시켰다. 신혼은 전세부터 시작했고, 혼수, 예단, 예식 준비로 예산을 넘는 많은 돈을 썼다. 만약 우리가 예단, 혼수를 하지 말고 신혼 집을 자가로 시작했다면 지금보다 더욱 풍요로웠을지도 모른다.

할부로 산 가전제품의 신용 카드 명세서가 신혼집에 날아 왔다. 결혼을 빚으로 시작해도 되냐며 남편의 핀잔을 들었다. 허례허식 웨딩으로 둘 다 무일푼에 빚까지 진 셈이었다. 상황이 이렇게 되니 급여를 받지 않으면 카드 할부 값을 낼 수 없었고, 남편과 외식해도 흔쾌히 내가 계산할 수 없었다. 할부 상환을 위해 몇 달간은 불이 나게 회사를 다녔는데 우린 이미 벗어날 수 없는 새앙쥐 레이스에 놓였다.

내가 신용카드 할부를 다 갚을 때쯤, 유튜브에서 경차 사고 영상을 접하고 남편 차를 경차에서 승용차로 바꿔주기로 결심했다. 경차로 왕복 100킬로미터를 운전해서 통근하는 남편의 안전이 걱정됐기 때문이었다. 결혼하느라 돈이 없었던 우린 차를 사기 위해 남편이 10년 넘게 유지한 청약 통장을 깼고, 나머지 돈은 융자를 냈다. 결혼 준비로 씀씀이가 커진 터라 3천만 원짜리 자동차를 거리낌 없이 샀다. 맞벌이하는데 어찌저찌 되겠지 하며 다시 새앙쥐 레이스 속에 대출 값을 갚느라 정신이 없었다.

내가 결혼하면서 샀던 새 가전제품과 가구는 어떻게 됐을까? 결혼하고 2년 후에 서대문구 홍제동 아파트로 이사하면서 2년 만에 여기저기 상처가 생겼고, 침대, 옷장 해체로 가구가 망가졌다. 결혼하고 산 에어컨은 산 지 6년 만에 중고마켓에서 헐값에 팔았고, 45인치 TV는 서준이가 3살 때 몸싸움을 하다가 액정이 깨져서 폐기했다.

내가 결혼 준비하느라 돈 쓰기 바쁠 때, 누군가가 이사하고, 아이 키우면 가구와 가전제품이 망가진다고 신혼 때 무리해서 살림을 늘이지 말라던데, 돈 들여서 폐가구와 폐가전제품을 버릴 때 뇌리에 스쳤다. 그뿐이랴, 자동차, 가전제품은 소모품으로 하루가 멀다고 그 가치가 하락했다. 부동산 상승기에 접어든 당시, 우리 부부는 아파트 전세금과 감가상각 중인 자동차 그리고 가전제품과 가구와 자동차 대출금이 다였다.

# 현실주의자 남편의 걱정은 더해지고

나는 타고난 이상주의자라서 근거 없는 자신감에 넘쳐났고, 결혼만 하면 알아서 다들 잘 살 거라고 믿었다. 대부분의 중년 부부가 노후 준비의 어려움을 겪는지도 몰랐고, 신혼부부가 첫 주택을 마련하기까지 평균 7년이 걸린다는 사실을 나중에 알았다. 그러던 내가 나와 정반대 성향의 남편과 결혼해서 현실감을 갖기까지 그리 많은 시간이 걸리지 않았다.

2015년 어느 봄날, 우리가 결혼한 지 4개월 만에 임신하면서 부부의 동상이몽은 깊어졌다. 남편은 부부 노후 자금 외에 아이한테 돈이 많이 들어서 고민이 깊어졌지만, 남편과는 달리 난 임신했다는 사실이 마냥 기쁘고 행복했다.

결혼 전부터 우린 2세 계획이 맞지 않았다. 남편은 우리가 내 집을 마련하고 아이를 만들자고 했는데, 결혼 당시 내 나이가 33살, 산모 나이 34살부터 노산이라서 어떻게든 그해에 아이를 가지고 싶었다. 그래서 나는 우리의 긴 연애 동안 단 한 번도 아이가 생기지 않았던 건 내가 난임일 수 있다고 남편을 설득했고, 시도 몇 번 만에 아들이 생겼다.

결혼할 때 양가 부모님의 도움으로 1억이 넘는 큰 빚은 없지만, 그렇다고 실낱같은 빛이 보이지 않던 상황에 내가 돌연 남편에게 선언했다.

"여보, 나는 아이를 낳으면 회사를 그만두고 집에서 아이를 키우고 싶어."

내가 이 말을 했을 때, 남편은 결혼하고 바로 임신하겠다고 했을 때부터 알아봤다며 불같이 화를 냈다. 아내가 아이를 낳고 집에 눌러앉겠다고 하니깐 남편은 기가 찼던 모양이었다. 남편 외벌이로는 세 가족이 살기 암담한 상황에 당시 남편 친구들 사이에서 '내 집 마련'이 화두였는데, 이를 위해 일부러 출산을 늦추고 있는 남편의 친구와 우리를 비교하며 마이 홈 계획이 틀어질까 걱정했다.

"아이 한 명을 낳아 대학까지 보내는 데 돈이 얼마 드는지 알아? 그리고 부부가 노후 자금으로 얼마나 필요한지 생각해봤어?"

남편이 미간에 힘을 잔뜩 주고 말을 하는데도 나는 귓등으로 듣는 시늉을 했다.

"글쎄."

나의 천연덕스러운 반응에 남편은 한숨을 쏟아냈다. 그는 마음을 가다듬고, 인터넷 기사로 아이 키우는 데 들어가는 4억이 든다는 기사를 보여주면서, 60세 부부가 월 300만 원 생활비를 20년간 쓴다고 가정하면

7.2억이 필요하다고 열변을 토했다. 남편과 내가 좋아서 한 결혼인데 갑자기 아이가 생기면서 우리 노후 준비에 아이 육아, 아이 교육비라는 빚더미에 앉은 것이다. 임신으로 두 부부가 행복해하고 축복해야 할 그 시기에 돈 걱정에 탄생의 즐거움을 만끽할 겨를이 없었다.

앞으로 아이를 키우는 비용, 노후에 생활비가 얼마가 필요한지 알고 나니 내가 안이했다는 걸 받아들일 수밖에 없었다. 내가 일을 그만둔다면 우리의 노후는커녕, 아이의 육아, 더 나아가 아이 교육비까지 감당조차 되지 않던 상황이었다. 인정할 부분은 재빨리 인정하려고 남편의 긴 설명이 덧붙여지기 전에 남편의 입을 틀어막았다. 그리고 "당신 말이 맞아, 계속 맞벌이를 할게."라고 남편을 안심시켰다.

"그래서 우리 노후 자금, 아이 키우는 돈을 모으려면 같이 월급 관리를 했으면 하는데 어떻게 할래?"
"먼저 각자의 월급과 적금, 신용카드 사용액을 공개해야지."

우리 부부는 결혼하고 각각 월급 관리를 하다가, 아이가 생긴 이상 부부가 함께 돈 관리를 해야 하는 데에 동의했다. 그리고 각자의 월급과 적금, 보험, 생활비를 다 정리하기 시작했는데, 각자가 월 30만 원씩 용돈을 썼고, 자동차 할부 값을 내고, 남은 돈은 적금을 넣었다. 결혼하고 나서 부부가 따로 돈을 관리했음에도 헛돈을 쓰지 않았다. 함께 돈 관리를 하는 묘미는 매월 들어오는 수입 대비 지출을 파악할 수 있어서 돈 버는 재미가 쏠쏠하다고 할까?

"그건 그렇고 점점 배가 불러오니깐 출퇴근하는 게 고역이야. 자주 야근하니깐 당신이 나 데리러 종각에 와줄래요?"

내가 임신하고 나서 신혼집인 부천에서 회사가 있는 광화문까지 출퇴근이 점점 힘들어졌다. 7호선 신중동역에서 1호선 종각역까지 가는데 임산부라 할지라도 앉아서 가기 하늘의 별 따기였다. 한참 출퇴근 시간에는 지하철에 임산부 좌석이 비어 있는 경우는 드물어서 서서 회사에 가다가 어지러워서 몇 번을 주저앉았는지 모른다. 임신 배지를 달고 사회적 약자임을 보여줘도 내 살길 바쁜 현대인들은 관심조차 없었다. 생명의 탄생에 기뻐하는 사람은 나밖에 없었다. 남편은 돈 걱정이 앞섰고, 지하철에 앉은 사람들은 혹여 자리를 빼앗길까 봐 눈을 지끈 감고 자는 척하는 모습에 한숨이 쏟아졌다.

임신기간 동안 지하철을 타고 출퇴근할 수 밖에 없었다. 서 있다 보면 울렁임과 멀미가 이어졌다. 전동차에 서서 출퇴근하다가 어지러워져서 전동차를 내려 승강장의 의자에 앉아 쉬다 안정되면 다시 지하철을 타고 가기를 반복. 그러다가 도무지 지하철을 타다 가다가는 쓰러지겠다 싶을 때는 택시 타고 출퇴근했다.

"물론이지. 내가 정각 퇴근하는 날에는 종각까지 달려갈게."

그런 내가 안타까웠던 남편은 퇴근하면 광화문까지 달려와 줬다. 1시간 넘게 달려와서 내가 일하는 회사에 도착하면 회사 건물에서 저녁을 같이 먹고 나를 태우고 부천 신혼집까지 운전해갔다. 이때 남편과 함께 강남교자에 가서 마늘 향이 강한 칼칼한 칼국수와 몽중헌에서 소고기 듬뿍 들어간 우육탕을, 그리고 큰맘 먹고 창고에서 한우철판 구이를 먹었는데 이 날은 특별히 출산을 위한 전야제였다.

결혼하기 무섭게 바로 임신, 그리고 그해에 출산, 남편에게는 이러한 인생의 변화가 두려움이 들었겠지만, 해바라기처럼 해맑게 웃는 아이를 만나자, 축복이자 선물이었음을 뒤늦게 알았다. 그리고 남편은 어떻게 됐냐면, 아내보다 아들을 더 사랑하고 아들 없이는 못 사는 아들 바보가 되었다.

　　욕심 많은 아내가 더 행복하게 사는 법

# 충치와 야식의 나날

"우리 정년까지 맞벌이하다가 은퇴하고 함께 타이타닉처럼 큰 유람선을 타고 전세계를 여행 다니자. 어때?"

퇴근해서 가족이 도란도란 앉아 저녁 식사를 하던 중에 남편이 꿈 이야기를 했다. 남편의 머릿속에는 부부가 함께 정년까지 일하고 은퇴해서 크루즈를 타고 로즈와 잭처럼 행복하게 살았다고 착각하는 것 같은데, 타이타닉은 빙하에 부딪혀 침몰했고, 로즈만 남겨둔 채 잭은 저체온증으로 죽었는데 남편은 타이타닉 영화 결말을 잘 보지 않은 것 같았다.

유람선을 타고 전 세계를 유랑하는 꿈이 있을 줄이야. 멋있다 남편 브라보! 기왕이면 당신의 꿈을 20년만 앞당겨서 나를 한강유람선이라도 태워주면 좋을 텐데 말이야. 남편의 말에 내가 정색하는 이유가 있다. 60대까지 개미처럼 일하고, 노후에 여유 있게 살자는 말 같았는데, 앞으로 3~4년이 아닌 20여 년은 더 맞벌이하자고?? 단순 계산하니 눈앞의 현실이 깜깜해지면서, 탈출 방에 입장한 플레이어처럼 보이지 않는 탈출구만 찾았다.

바야흐로 2017년, 나는 1년간의 육아휴직을 끝내고 강단 있게 일터로 향했다. 갑작스러운 육아 휴직 그리고 복귀로 동료에게 미움을 사지 않았을까 불안하면서도, 내가 애 키우느라 1년을 쉬었으니 회사에 가서는 쥐 죽은 듯이 일하자고 다짐했다.

대부분의 아내가 그러했듯이 나 역시 완벽해지고 싶었다. 일은 물론이고 육아도 잘해서 자기계발서에 나올 법한 아내가 되고 싶었다. 그뿐이랴, 자기관리를 잘해서 미스 때의 몸매를 유지하고 싶었는데 현실은 회사에 복직하니 일, 육아, 가사 어느 것 하나 제대로 해내는 게 없었다. 내가 일터에 복귀하고 모든 일을 완벽히 해내는 건 과욕이었음을 알아가기까지 그리 긴 시간이 걸리지 않았다. 출근해서는 닥친 일만 수습했고, 내일 해도 되는 일은 구렁이 담 넘어가듯 글피로 미뤘다. 육아는 퇴근하고 와서 30분 엄마 표 놀이하며 신나게 놀다가, 아이와 놀이가 끝나기 무섭게 나는 곯아떨어졌다. 집안일은 항상 뒷전으로 미루고 주말에 남편과 함께 집안 청소며, 빨래, 음식까지 몰아서 했다.

결혼하기 전에는 피부 관리한다고 얼굴에 팩하고, 오후 6시 이후에는 금식해오던 내가 하루가 멀다 하고 야근하고 와서는 배달 음식에 빠져 모은 치킨 쿠폰을 세면서 공짜로 시킬 그날을 꿈꾸다 씻지 않고 바로 잠들었다. 그렇게 몇 년을 지내다 보니 이빨 사이사이에 충치가 퍼져 버렸고, 출산 후 불어난 살에 매일같이 야식을 먹으니 결혼 전에 입던 옷이 안 맞았다. 결혼 전 몸무게 48킬로그램, 출산 후 60킬로그램을 기록했다. 당시의 나는 배달시킨 닭다리 하나를 우악스럽게 뜯어 먹으면서 애 낳고도 자기관리를 잘하는 아내들은 분명 팔자 좋은 여자들이라며 스스로를 위로했다.

나의 갑작스러운 체형 변화에 남편은 거북했는지 펑퍼짐해진 배와 엉덩이를 주물럭대며 결혼 전 40kg대의 야리야리한 몸매로는 언제 돌아오냐며 나를 놀렸다. 이때 내가 남편에게 은밀한 신호를 보냈는데도 잘 받아주는 법이 없었는데, '피곤하다'. '억지로 관계하다 객사한다' 등의 레파토리를 들먹대며 나를 피했다. 늘어난 체중과 남편의 부부관계 거절은 아직은 여자이고 싶었던 마음에 상처를 남겼다.

막연하게 다가오는 미래가 두려워서 돈이라도 벌자며 선택한 워킹맘, 매달 25일에 회사에서 꽂아주는 월급날만 기뻤고, 산더미같이 쌓인 '해야 하는 회사 일, 육아, 가사'에 속에서 허우적거렸을 뿐 아니라 여성으로서의 매력과 육아 만족도는 점점 추락했다. 충치가 10개 이상 있는 와이프는 매력적으로 보이지 않겠지? 그래서 남편과 다시 진하게 뽀뽀가 하고 싶어서 치과를 자주 들락거렸다. 치과에서 놓는 마취 주사는 왜 이리 깊게 찌르는지 너무 아파서 애를 낳았을 때가 더 아픈지 아니면 마취 주사가 더 아픈지 알 수 없었다. 육아가 지칠 때면 아이에게 TV와 유튜브 영상을 보여주기 바빴는데, 엄마와의 놀이를 기다렸던 아이도 어느새 엄마표 놀이보다 영상보기를 더욱 좋아했다.

회사에 다니며 월급을 받지만, 만족스럽지 않은 삶이었기에 끊임없이 해결 방법을 떠올렸지만, 현실이 벅차올라 내가 어떤 삶을 살고 싶은지도, 앞으로 어떤 일을 하고 싶은지도 모르는 채 쳇바퀴 같은 일상을 살았다. 별 방법 있으랴? 모르겠으면 돈이라도 벌 수밖에. 월급을 받다 보면 살 방법이 생겨나겠지. 하며 타들어 가는 속을 달래고자 냉장고에서 맥주를 꺼내 들이켰고, 배달 앱에서 야식으로 치킨을 시킬까 곱창볶음을 시킬까 고민에 잠겼다.

# 2장

# "없는"
# 아내의
# 고군분투기

# 육아 파이터

워킹맘은 육아 파이터다. 돈을 벌기 위해 조부모나 보모에게 아이를 맡기는 생계형 파이터, 방학에 아이를 양가 부모님 댁에 보내는 피난형 파이터, 시부모님에게 아이를 맡기다 며느리인 내가 눈 밖에 날까 전전 긍긍하는 하루살이형 파이터, 원에서 아이가 아프면 곧장 엄마에게 전화가 걸려 와서 상사 눈치 보기 바쁜 미치고 팔짝형 파이터다. 나 역시 육아 파이터의 시기가 있었다.

나는 생계형 파이터부터 시작했다. 출산으로 인해 1년간 출산 휴가와 육아 휴직을 쓰며 아이를 돌봤지만, 경제적인 이유, 즉 돈이 없어서 회사에 복귀해야 했다. 회사 복귀로 인해 아이를 누구에게 맡겨야 하는지의 문제가 생겼는데, 감사하게도 시부모님이 나의 경제 활동을 지지해주시면서 선뜻 아이를 키워주겠다고 했고, 회사 복귀에 맞춰 서울 서대문구 홍제동에 이사했다. 그리고 아침에 출근하면서 아이를 시댁에 맡겼고, 퇴근해서는 시댁에 가서 아이를 데려왔다.

자녀가 영유아기 아이라면 양가 부모님에게 맡기는 게 가장 좋다. 그 시기의 아이는 자주 아파서 병원을 자주 들락날락하는데, 부모의 갑작스레 야근이나 휴일 근무를 해야 한다면 조부모님께 양해를 구하고 아이를 부탁할 수 있다. 만약 개인 사정으로 조부모님에게 아이를 맡기기 어렵더라도 좌절하지 말자. 직장 어린이집 또는 지역의 종일 어린이집에 아이를 맡기는 게 가능하고, 아이가 아프거나 부모 중 한명의 퇴근이 늦는다면 다른 한 사람이 더 움직이면 영유아기 아이를 보살필 수 있다.

아이가 5세가 되자, 우린 서울 홍제동에서 고양시로 이사 했다. 운이 좋게 집에서 가까운 어린이집 종일반에 보내면서 나는 생계형 파이터를 이어갔다, 내가 아침에 출근하면서 아이는 어린이집에 보내고, 내가 퇴근하고 바로 아이를 하원했다. 나와 남편이 회사에 가 있는 동안 서준이는 매일 11시간씩 어린이집에 있었는데 낮잠과 놀이, 점심 식사와 두 번의 간식을 먹으며 우릴 기다렸고, 어린이집의 인터폰이 울릴 때마다 엄마일까 하고 기대하다 바로 실망했다고 한다.

하루살이형 파이터는 어린이집 방학 때 했다. 어린이 방학 기간에 휴가를 내지 못한 경우에 아이를 양가 부모님 집에 일주일씩 보냈다. 몸이 불편한 친정 부모님 집에 아이를 맡기고 나는 출근했는데 부모님이 아이를 돌보다 쓰러질까 봐 조마조마해졌다. 서준이는 어른에게 의존적이고, 잘 먹지 않았기에 친정 부모님의 부담이 컸기 때문이었다. 그런데도 할 수 없이 친정집에 아이를 맡기고 출근한 난 일이 손에 잡히지 않았다.

맞벌이 부부가 아이를 기르면서 가장 서글픈 날은 언제일까? 아이가 아플 때가 아닐까? 일은 바쁜데 아이가 아파서 급하게 휴가를 내고 아이를 데리러 가야 하는데, 험악한 상사의 면전에 대고 집에 가봐야 한다는 말이 입 밖으로 떨어지지 않는다. 이때 미치고 팔짝형 파이터가 된다. 직장인에게 휴가 사용은 당연한 권리라고들 말하지만, 실상은 개인의 사정보다 회사의 사정이 앞서기 마련이다. 그렇기에 갑작스럽게 휴가를 써야 할 때, 상사의 눈치코치를 보며 말하기 적당한 타이밍을 살펴야 한다. 돈을 빌어먹기 쉽지 않은 상황에 아이가 괜찮은지 걱정이 앞서 어떻게 능구렁이처럼 회사 담을 잘 넘어갈 수 있을지 계산하느라 골머리가 아프다.

그런데도 많은 부모님이 육아 파이터를 이어가는 이유는, 회사에서 일하고 돌아온 우리에게 아이가 환하게 웃으면서 따뜻하게 안아줘서 하루의 피로를 이겨낼 수 있다. 나의 아들 서준이가 오랜 시간 우리와 떨어져 있었음에도 왜 늦게 왔냐는 투정은커녕 부모가 도착했다는 소리에 한달음에 달려와 따뜻한 온기를 전해줬다. 남편과 나는 서로의 부모님에게 받았던 조건 없는 사랑을 아들에게서 받았고, 남은 힘을 짜서 작은 몸을 안아 들어 아들이 어린이집에서 느꼈던 외로움과 그리움의 향기를 맡으며 집으로 향했다.

# 자신감 바닥을 친 소심녀

업무와 가사 육아에 치이다 보니 자기관리는 전혀 하지 못했다. 아이는 내 몸에서 빠져나왔는데도 야식으로 임신 막달 때의 체중(60kg)이 되었고, 처녀 적에 신었던 굽 있는 구두는 신발장에 고이 넣어둔 채, 발이 편한 운동화만 신고 다녔다. 출근할 때와 외출할 때 입은 옷은 어두운 계열을 선호했는데, 더러워져도 잘 티가 나지 않기 때문이다. 꾸밀 수 있는 시간이 없던 터라 다려서 입어야 하는 블라우스와 정장은 잘 안 입었다. 아이를 낳기 전에 쓴 색조화장품은 안 쓴 지 오래돼서 전부 버렸고, 코로나 유행까지 겹치면서 선크림만 썼다. 이 역시 꼼꼼하게 바를 시간도 없어서 베이글 빵 위에 두껍게 바르는 크림 치즈마냥 대강 펴 발랐다. 회사 화장실에 가서야 거울로 내 얼굴을 볼 수 있었는데, 자외선 크림을 바른 부분은 하얬고, 바르지 못한 부분은 지난 피로가 덜 풀린 채 누렇게 떠 있었다.

겉모습뿐만 아니라 마음 역시 바닥을 쳤다. 결혼, 아이 출산과 같은 갑작스러운 환경 변화에 피로가 몰려왔는데, 나의 마음을 스스로 다스리기 보다는 안 좋았던 기억으로 묻어두었는지 자신감은 바닥을 쳤다. 마음이 약해지면 많이 서글퍼지기 마련이다. 가족, 직장 동료, 친구들이 가볍게 내뱉는 말들에 가슴에 비수가 꽂혔고, 밤새워 속앓이했다. 남편이 내가 뚱뚱하다고 해서 살을 빼려고 칼라만시 물을 연신 들이켰다가 위궤양이 생겼다. 직장 동료의 작은 한 마디에 자격지심이 들던 나는 쇼핑에 몰두했고, 거금을 들여 머리 스타일을 바꿔도 봤다. 자격지심은 특히 사적인 자리에서 두드러진다. 지인과 만나면 그들과 나를 비교하면서 신세 한탄 했다.

나를 가장 박탈감을 느끼게 하는 건 SNS였다. SNS에는 나와 비교 대상이 되는 인플루언서가 셀 수 없을 정도로 많았다. 난 출산하고 바뀐 내 모습을 좀처럼 SNS에 올리지 않고, 사랑스러운 아이 사진만 올렸는데 인스타그램의 셀럽 엄마들은 하나같이 아이를 키우면서 20대 때의 날씬한 몸매를 유지하더라. 포토샵과 정교한 촬영 기술의 영향일 수도 있겠지만, 인스타그램에 나오는 인플루언서들은 내가 10대 때 동경하던 〈섹스 앤드 시티〉의 사라 제시카 파커 같았다. 드라마 오프닝 영상에 사라가 공주 왕관에 발레리나 복장을 하고 뉴욕 번화가를 걷는 모습은 어린 내 눈에 공주님처럼 보였듯이, 인스타그램의 그들은 내가 결코 따라 할 수 없는 환영과도 같았다.

좀처럼 시간을 내서 운동할 시간을 내기 어려웠을 뿐더러 육아와 일을 하느라 체력이 바닥나서 뭘 시작하지도 못한 채 스스로를 채찍질했다. 현실 유지에 급급했던 난, 꿈에 그리던 워킹맘의 모습과 현실 아줌마 사이의 괴리감에 괴로웠고, 위가 쓰리면서도 죽기 아니면 까무러치기로 칼라만시 물을 연신 들이켰다.

지난밤 자신감이 바닥을 치니 끊임없이 나와 타인을 비교하면서 지쳐 잠들었고, 아침에 눈을 뜨면 어제 나의 찌질함에 몸서리를 쳤다. 끊임없는 비교와 사람들의 작은 말에 스스로를 파괴해 가는 내 모습에 위기감이 느껴졌다. 눈곱 뗄 새도 없이 실행에 옮기자고 결심하고는 SNS에서 나의 계정을 비공개로 전환하고 앱을 지웠다. 지금은 나 자신에게 집중할 시간이기에 다른 사람들이 돈을 얼마 버는지, 근사한 해외여행을 갔는지, 누가 무슨 차를 모는지, 누구 몸의 체지방율이 몇 프로인지 등의 관심을 껐다.

　앞으로의 나의 삶이 자신감 있고, 더 행복해지려면 무엇을 해야 할까? 아이와 행복한 육아방법은 뭘까? 인스타그램 인플루언서가 제시한 방법보다 내 상황에서 알맞은 방법을 모색하기 시작했다. 뭐라도 해야겠다 싶었는지 새벽 5시에 일어나서 6시에 하는 요가 프로그램을 참여하는가 하며, 상대적 박탈감을 느끼게 한 지인과의 술자리를 더 이상 가지 않았다.

아들은 월급쟁이 말고, 하고 싶은 일 해

    가족의 평화로운 평일 저녁 시간, 맞벌이 부부가 밥 먹다 말고 회사 이야기로 열을 내고 말았다. 그날 있었던 감정 찌꺼기를 식욕과 함께 배 속으로 밀어내기 한판을 벌이며 훈훈한 식사를 이어가던 중, 서준이가 우리의 이야기를 곰곰이 듣고 있었기에 어린 아들이 우리의 대화를 어떻게 받아들이고 있을지 궁금했다.

    “엄마 아빠 회사에서 일하는 거 어때 보여?”

"행복해 보이지 않아."

어린아이의 눈에 비친 우리의 모습이 행복해 보이지 않는다니 그 이야기를 들으니 머리에 망치를 들어맞는 듯 충격을 받았다. 부모가 아이의 거울이라더니 그 말이 딱 들어맞았다.

한편으로는 일에 대해 선입견을 심어준 듯 미안함이 들었다. 맞벌이 하면서 몸과 마음이 지친 부모의 현실은 암흑일지언정 아이에게는 자신감 넘치는 부모로 보이고 싶기에 아차 싶었다. 우리 때문에 서준이는 일을 하면 불행해진다고 생각할 것이다. 우리 가족은 생계를 위해 일하지만, 어느 누군가는 일로 오랜 꿈을 이루며 행복하게 살고 있음을 알려주고 싶었다.

나는 전혀 그러지 못하고 있었다. 출퇴근 시간 포함해서 매일 11시간을 회사에서 시간을 보냈고, 잠자고, 아이를 돌보고, 집안일을 하는데 시간이 빠듯했다. 내가 창의적인 생각을 하고 새로운 일을 도전하기에는 나의 일상은 빡빡했고, 공장에서 찍어내는 공산품과 같은 어제와 오늘 그리고 내일이 이어져 갈 게 분명했다.

가난해서 배고팠던 시기를 벗어나 안정적인 삶에 접어들었지만, 나는 일말의 도전이나 성취감에 굶주려 있었다. 몇 년에 걸친 결핍은 내 인생에 깊숙이 스며들어 서준이도 내가 불행하다고 느꼈다.

"서준아. 엄마는 네가 월급쟁이로 살지 않고 즐겁게 하는 일을 했으면 좋겠어. 사업을 해서 사장님이 되어도 좋고."

"엄마, 사업은 어떻게 하는 거야?"

"글쎄."

서준이의 질문에 순간 어떤 답을 해야 할지 막막해졌다. 어떻게 내가 좋아하는 일로 사장이 될 수 있을까? 내 손으로 돈을 벌어본 약 20년 동안 남 밑에서 시킨 일만 해 온 내가 아이에게 '너는 엄마와 다른 인생을 살아줘' 하며 말한 격이었다. 마치 의대에 가지 못해서 한 맺힌 부모가 아이에게 의사를 강요하는 부모가 된 것 같아서 얼굴을 붉히고 말았다.

우리 가족을 위해서 직장에서 일하고 있지만, 나는 회사에 다니면서 돈을 버는 것 외에는 다른 일을 시도해 본 적이 없었다. 그저 자기 기술을 가진 사람에게 정부에서 저금리로 대출받아서 사업을 시작해보라고 부추기거나, 어디서 들은 정부에서 추진하는 정책의 사업은 투자받을 수 있다더라 등의 정보는 들어본 적이 있지만, 내가 사업 준비를 위해 관계 부처에 문의하고, 대출과 투자를 받아본 적은 없었다.

그저 알고 있는 거와 직접 경험해봐서 이렇다고 말하는 것에는 큰 차이점이 있다. 모르는데 아는 척 말한다고 어린아이라도 모를까?

내가 가보지 않은 길을 마치 그럴 거야 하고 아이에게 말하는 내가 한심해졌다.

난 무미건조한 회사 생활을 이어가면서도 한편으로 일탈을 꿈꾼다. 회사 출퇴근길에 유튜브에서 자영업으로 성공한 사람들의 이야기와 블로그와 유튜브로 월에 천만 원 넘게 버는 이야기를 보면서 직장 생활 외에 다른 삶을 꿈꿨다.

"봐봐 대한민국 오천만 명 인구 모두가 나처럼 직장 생활을 하지 않는다니깐, 자기 사업하는 사람도 있고, 부동산이나 주식 투자만으로 금융 자산을 일궈낸 사람도 있어. 예전에 없었던 SNS 인플루언서라는 직업이 생겨서 그들을 따르는 팬들에게 영감을 주고 돈을 버는 시대가 왔어."

경제 활동의 방법은 많은데 난 그 이후로도 오로지 직장만 다니면서 살았다. 적극적으로 SNS 활동을 시작한 건 좀 더 지난 후였다.

# 세 마리 (재테크, 일, 육아) 토끼 사냥

목이 마른 자가 우물을 판다고 하지 않았던가? 그래서 일하는 아내는 재테크, 일, 육아 어느 것 하나 소홀할 수 없다. 돈을 벌지만, 언제까지 회사에 다닐지 알 수 없었기에 재테크하는 아내, 자신만의 일로 성취감을 느끼는 아내, 행복한 육아를 하는 아내로 거듭나야 함을 깨닫는다. 총기 규제하는 대한민국에서 총 소지는 먼 나라 이야기 같지만, 재테크, 커리어, 육아 사냥을 나선 어떤 포수의 얘기를 해보겠다.

옛날 옛적에 산 동물을 사냥하는 포수가 있었다. 산짐승 사이에 악평이 자자한 사냥꾼으로 그의 레이더망에 걸리면 살아 돌아온 동물이 없다고 소문이 자자하다. 그도 그럴 것이 발걸음이 어찌나 귀신같은지 귀가 밝은 산짐승조차 포수의 인기척을 느낄 수 없을 정도였다.

사냥꾼에게도 사정이 있었는데, 혼자서 어린 아들의 육아와 가사 그리고 사냥으로 생업까지 이어가야 했다. 그렇게 열심히 사는 그가 귀신같이 사냥에 나서자 세 토끼를 발견했다. 세 토끼는 신성한 영물로, 신이 열심히 사는 그의 소원을 이뤄주고 은퇴시켜 주려는 계획이었다. 그를 유인하기 위해 영물인 토끼 세 마리의 보들보들한 등에 포상을 적어 놨는데, 첫 번째 토끼는 '돈'이었고, 다른 토끼는 '육아', 그리고 마지막 토끼는 '출세'였다.

포수는 직감적으로 이 상황이 여느 사냥과는 다르다는 걸 알았다. 다시없는 기회로 잘 선택한다면 어린 자식과 앞으로 먹고살 걱정이 사라진다는 생각에 가슴이 뛰었다. 하지만, 가지고 있는 엽총으로는 단 한 마리의 토끼만 잡을 수 있었다. 총탄을 발사하자마자 다른 토끼들이 줄행랑

칠 게 분명했기에 잠시 망설이던 그가 결심한 듯 총구를 향했다.

이 세상의 엄마는 재테크, 일, 육아 어느 것 하나 놓칠 수 없기에 위의 세 마리 토끼 사냥을 나선 포수와 다를 바 없다. 결혼 이후 내가 맡은 많은 역할 속에 나는 회사원이었고, 아내이자 아이의 엄마였지만, 어떤 엄마와 아내가 되고 싶은지 모르는 채 매일을 살아왔기에 마음의 공허함이 커져 왔다.

생각이 꼬리에서 꼬리를 물어 나의 자심감을 높일 방법이 무엇일지 생각했다. 생업을 위해 회사에 다니지만, 개인의 성취감을 느낄만한 '나만의 일'을 하지 못했다. 결혼 전에는 외국어 학습과 자격증 취득으로 자신감이 넘쳐났지만, 뚜렷한 성취감과 보상을 얻지 못했기에 나의 자신감이 하락한 것이다. 바쁜 하루를 보내고 있지만, 시간을 좀 더 쪼개서 활용해서 이것저것 해보면 나의 자신감은 향상할 수 있을 것 같았다. 그리고 내가 원하는 '나만의 일'이 뭘까 찾아보았다.

당시 내 나이 30대 중반, 스무 살부터 지금껏 일해 왔지만, 언제까지 안정적으로 일할 수 있을지 알 수 없었다. 근로 소득에 의존하다가는 일이 끊기는 순간 손가락 빨기 십상이다. 아이가 어려서 어린이집에 맡기며 내가 일할 수 있었지만, 아들이 초등학교에 입학한다면 내가 계속 일을 할 수 있을까? 당시에는 은행에 예·적금만 불입하고 돈을 굴렸지만, 좀 더 적극적인 재테크가 필요했다. 이렇게 아이 학교 입학까지 근로 소득를 담보로 재테크를 하겠다고 결심했다.

예전에는 아이와 같이 놀이터에 노는 것도 집에서 장난감으로 놀아주는 것도 버거웠다. 그런데 육아의 신 오은영 선생님이 하루 30분만 아이와 집중해서 놀아주라고 해서 아이와의 시간에는 핸드폰은 보지 않고, 오로지 아이와 노는 것만 집중했다. 나와의 놀이가 재미있어진 서준이가 환한 미소를 보이자, 나 역시 아이와의 놀이가 재미있어지고, 기운이 생겨났다. 그리고 아이에게 골고루 영양공급을 위해 저녁 한 끼라도 제대로 된 밥 챙겨주기로 결심했다. 만약 내가 퇴근이 늦거나, 몸이 피곤하면 외식으로 한 끼를 해결했다.

마지막으로 아이와 자기 전에 책 읽어주기로 했다. 서준이에게 책을 많이 읽어주고 싶어서 전래동화와 이솝우화 전집을 샀고, 매일 한 권씩 재미나게 읽어줬다. 노래를 잘하는 혹부리 영감님 대사를 읊을 때는 리듬감을 살려 책을 읽어주니 아들이 즐거워했다. 그리고 공룡을 무척 좋아했던 터라 공룡 백과를 사서 책이 찢어질 때까지 읽어줬더니 한글을 모르더라도 공룡 이름을 좔좔 외우기 시작했다. 아이가 초등학교에 입학하기까지 몇 년 시간이 남아서 아직 교육은 시작하지 않아도 됐기에 매일 30분 놀기, 하루 한 끼 제대로 된 끼니 챙겨주기, 자기 전에 책 읽어주기를 실천에 옮겼다.


재테크를 통해 경제적 자유를 이룬 아내

나만의 일로 자신감 넘치는 아내

아이와 상호작용하며 행복하게 육아하는 아내


내가 변하면 세상이 변한다더니 그 말이 딱 맞았다. 이렇게 큰 그림을 그리고 나니 꽉 막혔던 코를 팽하고 풀어버리자, 숨쉬기 편해지면서 막막하게만 보이던 앞날이 환하게 비췄다.

# 국민연금아, 노후를 잘 부탁해

어떻게 노후 준비해야 할지 모르는 직장인에게 가장 쉽게 노후 준비를 할 방법은 국민연금 가입이 아닐까? 국민연금은 국민의 노후를 준비하기 위해 마련한 사회보험제도로 국가가 노동자와 기업으로부터 각각 4.5%의 보험료를 받아서 국민연금공단에서 자금을 운용한다. 노후를 보내는 노동자에게 매달 지급할 뿐만 아니라, 사망과 장애로 소득 활동이 중단된 본인과 그 가족에게 연금을 지급한다. 2023년 현 기준, 최소 납입 기간 10년 이상의 65세 이상의 대한민국의 국민이라면 매달 국민연금을 받는다.

2017년 초, 국민연금 홈페이지에서 나의 국민연금 현황을 검색해 보니, 난 국민연금을 8년간 유지 중이며 총 1,400만 원을 납입했다. 노후에 국민연금을 받으려면 최소 납입 기간 10년만 채워야 하기에 나는 회사를 2년만 더 다니자고 결심했는데, 노후 자금 마련으로 회사에 버텨야 하는 명분이 생기자, 출근하는 나의 발걸음이 가벼워졌다. 그리고 막 입대한 이등병이 군을 제대하는 날을 D-day로 세듯이 다가오는 퇴사 날을 손꼽아 기다렸다.

내가 국민연금을 10년 동안 약 2,000만 원을 납입한다 해도 실제 노후에 수령하는 국민연금은 몇십만 원에 그칠 거다. 매년 상승하는 물가상승률을 고려해도 내가 65세에 그 돈으로 생활하기에는 턱없이 부족하겠지만, 심각하게 고민하지 않았던 건 당시에 나는 30대 중반이라서 젊어서 개인연금은 추가로 가입할 거고, 퇴사하고 국민연금 임의 가입자로 추가로 납입을 한다면 나의 노후는 그런대로 준비할 것 같았다.

국민연금 자금이 부족해서 2040년쯤에 고갈된다는 뉴스는 연일 나왔지만, 난 국민연금을 유지하는 것에 대해 크게 신경 쓰지 않았다. 국민연금은 국가가 운영하는 제도이기에 여느 금융기관보다 신뢰성이 높고, 관리운영비가 적게 든다. 더군다나 난 20대 초반에 국민연금에 가입했기에 국민연금 수령에 이점이 많은데, 국민연금을 빨리 가입할수록 그리고 가입 기간이 늘수록 노후에 받는 수령액이 늘어나기 때문이다.

국민연금 자금 고갈의 부정적인 시선이 높아지지만, 아이러니하게도 국민연금 임의 가입자의 수가 2021년까지 꾸준히 증가했다는 점이다. 임의 가입자의 가입 대상은 사회적 약자인 주부와 학생으로 그들이 안락한 노후를 준비할 수 있도록 국가에서 지원하기에 임의 가입자가 증가했다. 나 역시 회사를 그만두면 주부가 될 텐데 사회적 약자를 보호해 주는 게 사회보장제도가 아니던가? 그래서 나는 국민연금의 부정적인 뉴스에 개의치 않고 국민연금 납입기간 10년이 되는 날을 손꼽아 기다렸다.

당시에 나는 10년 넘게 종신보험을 들었다. 종신보험에서 노후에 생활비가 나와서 일종의 노후 자금으로 생각해 유지 중이었는데, 종신보험의 수익률이 해를 거듭할수록 마이너스를 기록해서 불안했다. 보험 회사의 보험 상품은 회사에서 챙겨가는 운용비 비율이 높아서 실제 내가 내는 보험료보다 노후에 받는 보험액이 적다는 사실을 나중에야 알았다. 큰 비용 내고 인생 공부한 셈 치고 종신보험을 해지하고 원금의 80%만 돌려받았는데, 지난 10여 년의 물가상승률까지 반영한다면 더 손해일지 모른다. 하지만, 떨어지는 칼날을 맨손으로 쥔 채 버티기보다는 다소의 손해를 보고 해지하는 편이 낫다고 생각했다.

세상 물정에 어두운 이상주의자 아내의 노후의 준비는 '국민연금 10년 유지'와 '불필요한 보험 정리' 그리고 '개인연금 추가 가입'으로 시작했다. 그렇게 돈 공부를 시작한 셈이다.

만약 내가 바로 회사를 그만두게 되면 남편이 경제적인 부담을 온전히 짊어지는 데에다, 남편 또한 힘들게 일하고 있는 걸 알고 있기에 참고 버틸 수 있었다. 남편과 정년까지 맞벌이할 수는 없어도 앞으로 2년은 눈을 지끈 감고 일하면 버틸 수 있을 것 같았다. 그렇게 우리 부부는 여유 있는 노후를 떠올리며 나약해지는 마음을 다잡았다.

# 고소득 맞벌이 부부, 그러나 집도 절도 없는 현실

　　모든 신혼부부가 겪는 가장 큰 시련은 '내 집 마련'이 아닐까? 우리도 그랬다. 부동산 까막눈이었던 우리, 그저 개미처럼 일하고 돈을 모은 다음, 나중에 우리 집을 사자고 했다. 시기상으로 우리가 결혼한 2014년도는 부동산 하락기 중이었기에 그럴 만도 했지만, 돈에 밝은 사람은 하나, 둘씩 내 집 마련했다.

　　2017년 어느 날, 화학부의 김 과장님과 일본 음식점에 가서 알탕과 대

구탕을 시켰다. 냄비 한 가득 들어간 생선 알을 꺼내서 짭조름한 간장에 찍어 한 입 베어 먹고 있을 때, 김 과장님이 내 집을 마련한 동료의 이야기를 꺼냈다.

"김 대리가 얼마 전에 용산에 20평대 아파트를 샀다던데, 전세 몇 번 놓고 들어가서 살 거라고 하더라."

"나랑 입사와 결혼 시기가 비슷한데 김 대리 벌써 아파트를 샀어요? 부럽네요."

"같은 부서에 윤 과장님은 살던 아파트를 팔고, 작년에 신축 경희궁자이를 사서 들어가 산다더라. 그 아파트가 지금 10억이 넘는다지?"

사촌이 집을 사면 부러워서 배가 아프다고 하던데 이 나이가 되어 보니 그 말이 무슨 말인지 알 것 같았다. 김 대리는 용산 자가 아파트가 있고, 윤 과장님은 사장님들만 산다는 신축 아파트에서 산다니 회사에 같이 일할 뿐이지 그들과 나의 상황은 천지 차이였다. 주변에서 집을 산다니 나도 사야 할 것 같아서 남편에게 그날 들은 이야기를 나눴다.

"여보 영업부 김 대리와 윤 과장님이 아파트를 샀다나 봐. 우리도 슬슬 아파트를 사야 하지 않겠어? 지금 사는 홍제동 아파트 전세가가 오른 모양이더라고. 남들 다 내 집 마련하는데 우린 전세만 전전할 것 같아서 불안해."

"미안. 내가 지금 집 사는 거에 신경 쓸 여력이 없어."


김 과장님한테 들은 이야기를 남편에게 하면서 서둘러 내 집 마련해야 한다며 부추겼지만, 그는 내 이야기를 들은 둥 만 둥했다. 남편이 그리도 그리던 '내 집 마련'이지만, 막 이직했던 때라 잦은 야근과 회식으로 기진맥진해 있어서 내 집 마련은 전혀 신경 쓸 겨를이 없었다. 우리 얘기에 마치 남 일 말하듯이 대하는 남편의 태도에 서운하면서 서울 집값이 계속 오른다는 뉴스를 보고 마음마저 다급해지는데 이를 어찌 설명해야 할지 한참을 망설였다. 그때 남편이 다시 말을 꺼냈다.


"홍제 센트럴 아이파크 놓친 것도 아쉬운데, 이참에 서울 신축 아파트 신혼부부 특별 분양 넣어보는 건 어때?"

남편이 귀가하면서 근사하게 지어진 홍제동 센트럴 아이파크를 보고 쓸쓸한 웃음을 지었던 모양이다. 이 아파트는 우리가 아들을 안고 모델하우스에 다녀왔는데 몇 주 후, 분양 세대 중에 미계약분이 생겼다며 바로 계약할 수 있다고 전화가 걸려 왔다. 당시 우리는 1.6억 전셋집에 살고 있었는데 무려 6억 짜리 아파트를 분양받으라니, 당시로서는 도저히 엄두가 안 났다. 단순 계산으로도 전셋집보다 무려 3배가 넘는 아파트를 살 수 없어서 바로 포기했는데, 이 아파트가 입주하면서 실거래가가 분양가의 2배를 뛰어넘었다. 무려 12억. 그 일로 종종 남편과 언성이 높일 때마다 '누가 그 아파트를 사지 말라고 했냐?'며 목소리를 높이다가 '그럴 거면 나 몰래 분양 받지 그랬냐.'며 부부간에 뒷북 치는 소리가 떠나질 않았다. 이렇게 싸운들 뭐 하나? 버스는 진작에 떠났음을 인정하고 놓친 기회에 연연하지 않게 되기까지 수년의 시간이 걸렸다.

신혼부부 특별 분양을 받기 위해 우리 부부는 아기를 안고 주말에 서울에 몇몇 분양하는 아파트의 모델하우스를 보러 다녔다. 그때 본 아파트가 '신촌 그랑자이'와 '고덕 센트럴 아이파크'였다. 모델하우스에 들어서자마자 보이는 아파트 축소 모형을 보고 감정 동요가 없었는데, 크기

별로 꾸며놓은 근사한 인테리어를 보니 이상주의자의 머리 회로에서 청사진이 그려졌다. 새 아파트에 터를 잡으면 남편이 퇴근하고 와서 주차난에 시달릴 일이 없고, 남편과 내가 아파트 골프장에서 오붓하게 골프를 치는 모습을 그렸다. 무척이나 가슴이 벅차올랐다. 하지만, 현실은 녹록지 않았다.

"고객님들 소득이 높아서 신혼부부 특별 분양 자격이 안 되서 가지고 계신 청약 통장으로 일반 분양을 넣어보시는 걸 추천합니다."

수많은 방문객 사이에 일렬종대로 서서 거북이걸음을 하고, 청약 상담을 위해 번호표를 뽑고 꼬박 1시간을 기다려서 막 이야기를 시작했는데, 소득이 높아서 신혼부부 특별 분양에 자격이 안 된다고? 이게 무슨 귀신 씻나락 까먹는 소리인지. 보자, 가진 재산이 없어서 맞벌이하는데 소득이 높아서 신혼부부 특공 자격이 안 된다니 말이었다. 이 말인즉, 부부 한 명이라도 대기업에 다니면 서울 시내에 아파트 분양은 하늘의 별 따기다. 6억도 넘는 고가의 아파트를 분양받으려면 우리 같이 고소득의 신혼부부에게 아파트 분양의 기회를 줘야 하는 건 아닌가? 분명 잘 못 된

거라는 생각과 함께 다시금 몇 년 전에 놓친 신축 아파트 분양권이 떠올라 가슴이 짓눌렸다.

결국 멋모르고 토요일 아침 댓바람부터 사람들이 붐비는 모델하우스에 왔는데 별 소득이 없었다. 흔하디 흔한 아파트 모델하우스 사각 티슈 하나 받아오지 못하고 나온 건 우리의 두 손도 마찬가지였다. 한낮의 열기로 뜨거워진 뙤약볕 아래 우리의 마음과 두 손은 아무것도 쥐지 않고 그저 털털 걸어갈 수밖에 없었다. 현실의 벽은 높았다.

"여보 아파트 분양은 그른 것 같고, 우리 서울 구축 아파트로 알아봐요. 시댁에서 가까운 홍제부터, 무악재역, 독립문역 구축은 아직 우리가 살 수 있을 거야."

"너무 서두르지 말자. 우리 부모님이 그러는데 집값은 더 내려갈 거래. 괜히 큰돈 주고 구축 샀다가 집값 떨어지면 어떻게 해. 그러니깐 홍제동 아파트 전세 끝날 때까지 마음 편히 기다려보자."

당시까지 나는 현모양처였나 보다. 나의 사랑하는 낭군님이 공사다망

하여 기다리라고 하니 더 이상 말을 이어가지 못했다. 그러나 슬픈 예감은 틀리지 않더라. 주변에서 서로 내 집 마련했을 때가 부동산 상승 곡선의 시작이었고, 남편과 나의 관심 리스트의 아파트는 연일 신고를 기록했다. 우리가 망설이는 새에 서울 구축 아파트 매매가가 몇 천만 원에서 많게는 몇 억이 올라가 버렸다. 이 아파트가 작년에는 5억이었는데 이제는 6억? 저 아파트는 7억? 급변하는 상황에 우리의 목소리는 점점 떨려왔다. 그렇게 애먼 눈을 동그랗게 뜬 채로 앞으로 코 깨지고, 뒤로 머리가 깨지면서 이러지도 저러지도 못한 채 눈만 깜빡였다.

## 최고의 회사, 최선입니까

우린 신축 아파트 분양받을 기회는 깡그리 날려버렸지만, 맞벌이하고 돈을 모으다 보면 언젠가 내 집 마련을 할 수 있으리라 믿었다. '물 들어올 때 노를 저어라.'라는 말이 있지 않은가. 다소의 고생은 하겠지 하면서, 부부가 함께 돈을 벌 수 있을 때 함께 일했다.

때마침 남편은 연봉을 높여서 다른 회사에 이직했고, 새로운 직장에서 일을 적응하느라 귀가 시간이 늦어졌다. 세상은 공짜가 없듯, 남편의 연봉이 올라간 만큼 잃어가는 게 생기는 법이다. 남편의 늦은 귀가로 육아와 가사는 온전히 나의 일이 됐다. 이직해서 지쳐 있던 남편을 이해하지만, 일과 육아로 지쳐갔던 나는 남편에게 점점 불만이 쌓여갔고, 육아와 가사가 온전히 내가 해야 한다면 차라리 내가 일을 그만두는 건 어떨까 하는 고민이 쌓여갔다. 그러던 중에 회사 선배가 내게 조언해줬다.

"은진 씨가 지금껏 일해 온 날보다 앞으로 일할 수 있는 날이 많지 않다고 생각하면 어떨까? 어쩌면 우리가 퇴사하는 그날이 그리 멀지 않을지도 몰라."

말이 씨가 된다고 하더니, 나의 퇴사의 고민은 현실로 다가왔다. 내가 소속한 영업부가 공중분해될 것이라는 말이 떠돌았다. 불안한 예감은 틀린 적이 없었다. 영업부로 이동하고 일다운 일을 배운 건 단 1년으로, 다음 해 사업 축소로 일이 줄어들고, 영업 부서로 이동하고 3년 차가 되었을 때 부서가 없어진다고 정해졌다. 내가 영업부로 이동하고 4년 만에 부서 이동을 기다리는 난민이 되어 버렸다.

슬픈 예감은 틀린 적이 없다. 부서가 없어지기 전에 매일 얼굴을 맞대며 일한 동료가 한둘 살길을 찾아 떠나갔고, 마지막에는 본부장님마저 회사를 떠났다. 내게 과분할 정도로 좋은 회사에 다니는 것 외에는 내세울 게 없었던 난 전 부서에서 마지막까지 남아 퇴사하는 동료의 송별회를 준비하고 동료를 떠나보냈다. 나의 동료와 비교해서 능력이 없는 난 이직하지도 막무가내로 퇴사하지도 못했다. 내 상황을 바꿀 용기가 없었고, 하나부터 다시 쌓아갈 힘 역시 없었다.

'회사는 매년 매출액을 갱신해 가는데 반면 나는 도태되어 갈까?'
'회사 속 내 존재는 왜 점점 희미해져 갈까?'

소속 부서는 사라지고, 동료가 떠나버리는 과정을 겪으면서 나는 좌절했다. 별 볼 일 없는 사람이 되는 것보다 나를 참을 수 없게 만든 건 2년 후, 3년 후, 5년 후에도 똑같이 일을 하고 있을 내 모습이었다. 근무 연수는 차올랐지만, 나의 자존감은 난쟁이가 되어 갔고, 돈은 벌어야 했기에 기계적으로 회사에 출근했다.

욕심 많은 아내가 더 행복하게 사는 법

냉정하게 생각해서 전 회사에서 나는 어떤 포지션이었을까? 나는 그다지 일을 잘하지도, 그렇다고 예전처럼 동료들과 잘 지내지 않은 아웃사이더였기에, 체스판에서 나는 상대에게 쉽게 내줘도 되는 별 볼 일 없는 패였을 것이다. 몇 해 전, 내가 정규직이 되고서 자신감이 넘쳤고 세상이 다 내 것 같았는데 나는 왜 이렇게 됐을까. 그리고 만약 내가 회사를 그만둔다면 내 가족은 날 어떻게 생각할까? 등의 고민이 들자 이내 위가 쓰려왔다.

차라리 잘됐다. 이렇게 된 이상 내가 퇴사하기 전에 해보고 싶었지만 못해본 일에 도전하자. 위기감만 감돌 때는 똥 마려운 강아지처럼 이러지도 저러지도 못했지만, 이젠 내가 언제 회사에서 쫓겨나도 이상하지 않은 상황이 되어보니 휘슬이 울려서 전력 질주할 수밖에 없었다.

회사를 그만두면 가장 걱정되는 '돈 문제'에서 자유로워지기로. 그래서 회사에 다니면서 재테크를 시작해야지. 전에는 은행 예·적금을 들면서 소극적으로 재테크 해왔지만, 내 집 마련과 부동산 재테크를 하면서 기왕이면 주식 투자도 해보자고 했다. 궁지에 몰리게 되자 좀처럼 시도하지 않았던 일에 용기가 생기면서 살아남겠다는 의지가 불타올랐다.

## 이렇게 살 순 없어

회사를 언제까지 다닐 수 있을지 알 수 없어서 앞으로 어떻게 살아가야 할지 궁리하기 시작했다. 문맹인인 나는 손쉽게 핸드폰으로 다른 사람들이 어떻게 사는지 검색했지만, 휴대폰의 작은 화면으로는 따라 해 볼 정보는 쉽게 찾아볼 수 없었다. SNS는 내게 도움이 되지 않는다는 걸 알았고, 뭐에 홀린 듯 서점을 향했고, 손이 가는 대로 책을 들여다봤다.

학창 시절에는 만화책과 판타지와 무협 소설을 즐겨 읽었지만, 성인이 돼서는 취업을 위해서 자격증 책만 줄곧 보던 나였다. 그랬던 내가 책으로 다른 사람의 삶을 배워보기로 했다. 당시에 내게 도움이 된 책은 김유라 작가님의 『나는 마트 대신 부동산에 간다』, 『아들 셋 엄마의 돈 되는 독서』와 모빌스 그룹의 『프리워커스』였다.

나와 비슷한 연령대에 아들을 키우는 김유라 작가님은 TV에서 그녀가 나오는 프로그램을 보고 알게 됐다. 『나는 마트 대신 부동산에 간다』 책에서 남편 외벌이로 세 아이를 키우면서도 절약해서 여유 자금을 만들어 부동산에 투자했고 월세를 받는다고 소개한다. 그녀가 2013년에 '슈퍼짠 선발대회'에서 대상을 받았는데 나는 그 절약 방법이 놀라웠다. 자그마치 총 3편(식비 절약법, 수입의 50% 저축하는 법, 투자하는 법)에 걸쳐 글을 썼고, 압도적인 지지를 받아 대상을 차지한다. 김유라 작가님의 절약과 재테크 선순환이 내게 가장 와 닿았는데, 당시 나는 월 300만 원의 월급을 받고 있음에도 내 집을 마련하지도, 재테크를 해 본 적도 없었기 때문이다. 근로소득을 바탕으로 부동산 투자를 시작해야 할 때가 됐음을 작가가 일깨워 줬고 이후에 나는 수십 권의 부동산 투자책을 읽었다.

김유라 작가의 두 번째 책, 『아들 셋 엄마의 돈 되는 독서』가 나왔을 때, 이 책이 내 삶을 변화시킬 수 있을지도 모른다는 기대감이 들었다. 이 책에서 작가는 '나를 생각할 시간, 나를 돌아볼 계기를 마련해 주는 수단'이라고 말한다. 일하고 번 돈 몇천만 원을 가지고 일본에 유학 가서 도움 없이 4년간 공부하고 귀국해서 두려움 없이 외국계 기업에 취업해서 정규직 전환을 이루어 냈던 내가 어느새 장점을 잃고 살아가고 있던 게 아닐까. 그렇다면 나의 장점은 뭘까? 도전정신과 추진력이 아닐까? 그런 내가 시키는 일만 하고 육아와 가사에 치이면서 도전하기를 꺼리게 됐다.

『아들 셋 엄마의 돈 되는 독서』를 읽으면서 나의 힘들었던 시절을 떠올렸다. 일본에서 학비를 마련하고, 공부하던 시절에 집주인이 주말 아침에 내 핸드폰에서 울리는 알람 소리가 시끄럽다고 내가 사는 곳까지 와서 항의했는데, 누적된 피로에 맨션 사는 사람들에게 폐를 끼쳤다는 미안함에 눈물을 흘리던 때가 떠올랐다. 그리고 전 회사에 취업해서 군소리 없이 궂은일을 도맡아 했던 때도 생각났다. 난 치열하게 살았구나! 이 책을 통해 내가 어떤 사람인지 고민하고, 지난 세월 동안 있었던 힘든 감정을 독서로 해소했다.

독서에 푹 빠진 나, 어느 날 영풍문고에 가서『프리워커스』를 집었다. 나다운 일의 방식을 찾고, 유쾌하게 일하는 방법에 대해 알려준다는 부제에 귀신에 홀린 듯 이 책 골랐는데, '내가 하고 싶은 일이란 무엇일까?'에 대해 실마리를 찾은 것 같았다.

『프리워커스』의 저자는 라인 메신저가 일본에서 선풍적인 인기를 끌 때, 라인 플러스에 입사하고 스타트업 회사에서 경험할 수 있는 성장의 시기를 거친다. 작가의 말에 따르면 한창 일할 때는 몸은 피곤했지만, 성취감과 충족감이 충만했다고 한다. 그러나 시간이 지나 회사가 성장해 갈수록 저자들에게 뭔가를 빼앗겨 가고 있음을 느꼈다. 이런 회사 생활에 현기증을 느낀 그들은 한 명씩 퇴사했고, 그들만의 브랜드를 만들었다. 프리워커스, 회사에 얽매이지 않은 자유노동자라는 콘셉트로, 최종적으로 더 나은 일이라는 뜻의 브랜드명, 모베러웍스를 만든다.

이 책을 읽으면서 오래전에 잃어버린 나를 찾은 듯 두근거리기 시작했다. 언제부터 나는 내 일에 대해 주저앉게 됐을까? 그런 고민은 예전에 회사 입사 당시에 나와 함께 노래방에서 춤을 추고 즐거운 분위기를 맞쳤던 장 차장님이 내게 한 이야기가 떠올렸다.


"너의 개성을 잃지 않고 살아."


나는 회사 동료와 달리 튀는 사람이었는데, 그런 부류의 사람일수록 시간이 지날수록 그들의 개성을 숨기고 무미건조하게 지낸다고 장 차장님이 조언했다. 일은 생계를 유지할 수 있는 경제 활동이라서 재밌을 수 없고, 그저 견뎌내야 하고 버텨내야 한다고 한다. 일을 해야 한다면 즐겁게 할 수 있다면 어떨까. 살아가면서 일을 꼭 해야 하기에 즐거워야 한다.


일이 즐거워지려면 개인의 성장도 동반되어야 한다. 나는 나의 일을 통해 지속적으로 성장해 가고 일이 즐거워지고 싶다. 그렇다면 앞으로 20년 후, 내가 정년까지 잘 일할 수 있을 것이다. 예전의 나로 돌아가 낯선 사람에게도 친근하게 다가가서 스스럼없이 이야기를 나누던 나로 다시 돌아가는 그날을 꿈꿨다.

독서를 통해 내가 원하는 것, 나를 행복하게 만드는 것 등의 질문으로 나의 생각을 찾아가게 됐다. 말 잘 듣는 AI에서 벗어나 내가 하고 싶은 일을 하고 싶다. 제법 규모가 큰 체스판에서 소모품인 병정이 되기보단 작은 체스판을 만들어 내가 여왕이 되어 나의 인생을 바꿔보리라.

# 멋진 아내를 꿈꾸며

"오늘 장은진 님 앞으로 꽃바구니가 도착할 예정입니다."

회사에서 일하다가 꽃 배달 문자를 받았다. 웬 꽃바구니지 하고 어리둥절해졌지만 곧이어 그날이 무슨 날인지 깨달았다. 10월 18일 우리의 결혼기념일, 남편이 나 몰래 꽃바구니를 보낸 것이다.

"여보, 당신이 꽃바구니 보냈어? 어쩌지 나는 결혼기념일을 깜빡 잊었는데."

"꽃은 잘 받았어? 오늘은 일찍 퇴근할 테니깐, 저녁에는 외식하자."

곧이어 배달 기사님이 회사에 찾아왔고, 붉고, 분홍빛의 장미꽃이 가득한 꽃바구니를 받았다. 꽃은 나 만나서 주면 되는데 왜 굳이 회사로 보냈을까? 생각해보니 예전에 내가 남편에게 회사 선배의 남편은 결혼기념일마다 사무실에 꽃바구니를 보내준다고 툴툴거렸던 게 떠올랐다. 남편은 쉽게 말을 잊어버리는 사람이 아니다. 내 얘기를 듣고 기억해놨다가 우리 결혼기념일에 맞춰 회사에 꽃을 보낸 것이다. 자신감이 떨어져서 행색마저 초라한 나와 달리게 붉게 물든 장미가 아름다웠다. 나도 남편에게 아름답게 보이면 좋으련만. 꽃바구니를 받아 사무실로 돌아오니 부서 동료들이 꽃바구니를 보고 '남편이 사랑꾼이다.' 하고 말해줘서 기분이 좋았다.

퇴근하고 남편이 보내준 선물을 들고서 서준이가 다니는 어린이집을 향했다. 남편의 이벤트 덕분이었는지 나의 발걸음도 가벼워졌고, 어린이집 선생님과 서준이에게 밝게 인사해줬다. 우리는 집 근처 파스타 집에 갔고, 곧이어 남편도 가게에 왔다. 그는 인천에서 집까지 운전하고 오느라고 지쳐 보였지만, 애써 지친 내색을 하지 않았다.

"일하느라 바빴을 텐데 이런 걸 보냈어. 그래도 결혼하고 남편의 깜짝 이벤트를 받아서 기뻐. 고마워요 여보."

"혹시 그게 다라고 생각하는 거야? 내가 당신 몰래 선물 하나 더 준비했지."

남편이 서류 가방에서 보석함을 꺼내서 내게 줬다. 열어보니 금목걸이가 들어 있었는데, 남편과 결혼할 때 나눠 낀 결혼반지 이후에 목걸이를 선물 받은 건 처음이었다. 결혼하고 우리 사이가 소원해져서 섭섭했는데, 남편은 결혼기념일 이벤트로 나를 기쁘게 해주고 싶었나 보다.

"내가 회사를 옮기고 바빴잖아. 당신 혼자서 서준이를 돌보고 힘들어하는 거 알면서 같이 육아를 못해서 미안해. 이제는 일이 익숙해져서 빨리 퇴근할 수 있어. 내가 육아와 가사에 적극 동참할 테니깐, 당신은 취미활동하고, 여가 시간도 보내."

부부싸움은 칼로 물 베기라더니, 남편이 주는 선물과 따뜻한 말 한 마디에 금방 남편에게 서운한 마음이 풀렸다. 남편의 앞 접시에 파스타와 피자를 덜어주면서 아직 화가 덜 풀린 듯 "그럼 앞으로 잘해."라고 말하고, 서준이가 파스타를 먹는 모습에 부부는 곧 웃음이 번졌다. 우리 셋이 오순도순 음식을 먹는 이 시간이 오래 이어지기를 바랐다.

남편이 일찍 퇴근하는 날에는 나는 운동해서 살을 빼고 싶다. 날씬해지면 자신감이 생기겠지? 그리고 여가 시간에 재테크 책을 읽고, 어떻게 돈을 굴려 볼지 고민해봐야겠다. 남편이 육아와 가사에 적극 참여해 줘서 나는 자신감 있는 아내, 경제력이 있는 멋진 아내로 거듭나겠다.

# 3장

## "있는"
## 아내로의 전환
## - 경제력 있는 아내

# 원효 대사의 해골 물을 마신 적 있는가

살면서 늘 떠나지 않는 고민은 돈이다. 맞벌이 부부 중 한 명이 일을 그만두면 돈에 허덕이지 않을까? 맞벌이하면서 늘어난 소비를 줄일 수 있을까? 매달 생활비가 마이너스이지 않을까? 등의 걱정이 앞설 것이다. 책임감 있는 성인이라면 경제 문제만큼은 우리 삶에 최우선 과제로 남아 있기에 나는 제일 먼저 경제력을 만드는 데 주력했다.

경제적 안정은 가족이 일정 기간까지 의식주를 누릴 수 있는 여건 마련으로, 먹고, 입고, 쉴 집 마련을 말한다. 사람에 따라 행복의 기준은 다르지만, 가난하면 불행하다는 명확한 기준이 있기에 의식주 어느 하나라도 빠지면 우리의 삶은 혼란에 빠진다.

두 부부만 사는 딩크족이라면 경제적 안정 만들기가 더 수월하지 않을까. 뭐하면 부부가 각자 쓰는 생활비만큼 벌어 쓰면 되지만, 자녀가 있다면 구체적인 경제 여건을 만들어가야 한다. 아이들이 귀한 세상, 비록 부모가 거지 차림으로 다녀도 자식만은 잘 차려입고, 잘 교육하고 싶어 하는 게 모든 부모의 바람이다. 그런데도 아이는 SNS를 통해 자신이 가지지 못한 뭔가를 소유하기를 갈망한다. 그런 의미에서 인터넷이 없었던 나의 어린 시절이 아이 키우기 나은 것 같다.

내 기억 속에 모두가 가난했다. 내가 자라온 1990년대의 중곡동은 가난한 사람들이 터를 내릴 수 있도록 빌라가 즐비했다. 그곳에서 가뭄에 콩 나듯 돈 많은 집 아이가 있었지만, 대부분 아이는 빌라에 살아서 서로 비교할 것 없이 지냈다. 그래서 난 빌라촌에 인접한 중학교에 다닐 때까지 내 또래 아이는 다 나처럼 사는 줄 알았다.

내가 어릴 때, 가난한 집 여자아이는 레이스 원피스를 못 입었다. 그 시절 엄마가 큰맘 먹고 나를 데리고 옷 가게에 갔다. 모처럼의 쇼핑에 흥분감을 감추지 못한 난 레이스가 달린 원피스를 골랐지만, 엄마는 오래 입을 청바지 원단의 원피스를 골라줬다. 계산대 앞에서 엄마와 실랑이를 벌였지만, 내가 덜렁거려서 하늘거리는 원피스는 곧 찢어질 거라는 엄마의 말에 할 수 없이 청원피스를 계산하고 나왔다. 어려운 집에서는 아이에게 튼튼한 옷 한 벌을 사줘야 오래 입힐 수 있었다. 나의 부모님에게 잊혔을 기억, 허나 나에게는 모처럼 산 청원피스는 가난의 상징이었다.

이때의 경험으로 나에게 가난은 자식에게 튼튼한 청원피스를 사 입히는 것이라 기억한다. 최근에 공주 원피스를 입은 아이가 몸을 사리지 않고 뛰어노는 모습을 보고 내 어린 시절을 떠올렸다. 이제는 풍요로워져서 여자아이를 가진 부모님은 아이의 옷에 크게 개의치 않아 보인다. 내 나이 마흔 넘어서 레이스가 달린 원피스를 입고 다닐 용기는 없지만, 내 안에서 하나의 결핍으로 남아 있다.

젊은 혈기에 간 일본 유학, 그곳에서의 삶 역시 비루했다. 학업과 아르바이트를 병행해야 매달 방세를 내고, 다음 학비를 마련할 수 있었다. 돈에 쫓기며 살던 어느 날, 아르바이트를 끝내고 밤늦게 자취방에 귀가해서 냉장고에 든 물통을 벌컥벌컥 들이켰다. 심한 갈증이 가실 쯤 보리차 안에 아지랑이가 보였다. 이 보리차를 언제 냉장고에 넣었는지 기억이 잘 나지 않지만 보리차 티백을 한 달도 전에 꺼낸 것 같았다. 순간 해골에 담긴 물을 마신 원효 대사가 떠올랐다. 그리고 원효 대사의 '마음먹기 나름이다'의 깨달음을 얻은 듯, 난 가난하면 인간의 기본적인 욕구인 '먹고 마시는 거'에 소홀해질 수 없음을 깨달았다. 가난하면 건강한 음식을 먹을 수 없다. 경제적으로 힘들다면 냉장고에 상한 음식이 있는지 확인해 볼 여유조차 없기 때문이다. 유학 시절에 달고 살았던 습관성 설사는 내가 귀국하고 부모님이 챙겨주는 건강한 밥상을 챙겨 먹고서 말끔히 사라졌다. 내가 건강하게 살려면 돈이 필요하다.

그 밖에 경제적 안정을 이루면 뭐가 좋을까? 돈 벌러 일하지 않아도 되므로 하고 싶은 일을 얼마든지 할 수 있다. 또한 아이와 충분한 시간을 보낼 수 있어서 자녀에게 정서적 안정을 준다. 여유 있는 상황 속에서 선택적 가난은 견딜 수 있다. 하지만 필연적인 가난은 나와 가족을 피폐하게 한다. 그렇기에 회사를 나가기 전에 경제문제는 어떻게든 해결해 가고 싶었다.

　도돌이표 고민을 계속하던 중에 해답을 구했다. 소득이 줄면 지출을 줄이면 되잖아. 잠깐, 생활비를 줄이려면 어떻게 해야 할까? 그러려면 내가 돈을 얼마씩 쓰는지 아는 것부터 시작해야 해. 지피지기면 백전백승, 우리 가족의 지출 명세를 파악해 보자. 상세하게 지출을 확인하는 방법은 '가계부 쓰기'지? 탁 하고 내 무릎을 치면서 깨달음을 얻었다.

# 내 집 마련의 마법 책, 가계부 쓰기

올해부터 국내 메이저 은행에서 만 40세 이상 직원을 대상으로 희망 퇴직 신청을 받는다. 산업 곳곳에서 인력감축의 칼부림이 벌어지니 한참 일을 해야 장년층 직장인에게 위기의 경종이 울린다. 서준이 엄마, 나 역시 다가오는 미래가 알 수 없어서 경제적 자유에 목매는 건 당연했다.

부자가 되고 싶어서 시작한 게 '가계부 쓰기'다. 자산이 얼마나 있는지 파악하고, 매월 얼마씩 쓰는지 파악하고 불필요한 지출을 줄일 수 있다.

　욕심 많은 아내가 더 행복하게 사는 법

결혼 초기의 남편과 나는 각자 월급을 따로 관리하며 알아서 지출하고 남은 돈을 적금을 넣었다. 가계부를 쓰기 전까지 서로 얼마를 벌고, 얼마를 쓰고, 얼마씩 적금을 넣는지까지 알지 못했다. 어느 재테크 책에서 봤는데 부자 되기 첫걸음으로 내가 가진 '자산 총액'과 '얼마씩 소비'하는지를 알고 나서 '불필요한 지출 줄이기'라고 했다. 마치 이런 작업이 없었다면 곧 망할 기업의 부실채권을 사두는 것 같기에 꼭 필요한 작업이었다. 이렇게 지출 통제를 하다보면 언젠가 내 집 마련을 할 수 있고, 훗날에는 투자를 할 수 있게 되는 날을 꿈꿨다.

가계부 사기는 마치 일기장을 사는 것과 같다. 만약 당신이 가계부를 쓰고 싶다면 대형 서점에 가서 직접 고르는 걸 추천한다. 연말이 되면 서점에 수십 종류의 가계부가 쏟아지는데 유명 출판사에서 나오는 가계부 외에 작가들이 쓴 가계부도 볼 수 있다. 김유라 작가님의 『내 집 마련 가계부』였다. 가계부를 쓰려는 이유가 두 다리 쭉 뻗고 쉴 내 집 한 채는 꼭 마련하고 싶어서였다.

가계부 첫 장에 내가 사고 싶은 아파트 두 곳 '홍제 효성 플레이스'와

'무악재 푸르지오'를 썼고, 한 해 4,200만 원을 모으겠다고 적었다. 당시에는 시부모님이 서준이를 돌봐줘서 시댁에서 가까운 신축 아파트를 사고 싶었다. 그리고 가계부에 우리가 꿈꾸는 집을 마련해서 반드시 부자가 되겠다는 각오와 함께 우리의 고정 수입과 고정 지출 내역을 상세하게 적었다. 기본적인 정보를 쓰면 이제부터 매일같이 돈을 얼마나 썼는지 가계부에 쓰면 오케이. 가계부는 우리 가족이 얼굴을 마주 보며 시간을 보내는 곳, 식탁 위에 올려두었고. 퇴근 후에 얼굴을 마주하며 그날 쓴 돈을 하나씩 기입했다.

가계부를 쓰는 것만으로 몇 억짜리 집을 살 수 있다고? 설마 싶겠지만, 내가 가계부를 쓰면서 우리 부부가 원하는 내 집 마련을 앞당겼다. 가계부를 쓰기 시작하면서 우리 부부가 달라졌는데, 달라진 점 첫 번째는, 가계 현금 흐름을 파악할 수 있다. 가계부를 쓰면서 남편도 나도 검소한 소비습관을 가지고 있음을 재차 알게 됐고, 맞벌이하면서 돈 모으는 재미를 붙였다.

가계부를 쓰고 달라진 점 두 번째, 오랫동안 묵시적으로 써온 불필요한 비용을 알게 됐다. 2장 '국민연금아 노후를 잘 부탁해'에서 소개했듯이 종신보험을 해약했다. 내가 20대 때 가입한 종신보험에 17년간 유지했는데 내가 가입한 종신보험은 암보험 특약이 중대한 암에 걸려야 보장받을 수 있었고, 보험사에서 많은 사업운영비가 써서 내가 17년을 납입했는데도 해지할 때는 원금의 80%밖에 받을 수 없었다. 사실 몇 년 전부터 보험을 유지한 기간이 길었던 터라 차마 해지할 수 없었지만, 내 집 마련이라는 목표가 생기자 바로 해지했다. 그 밖에 여러 OTT 서비스에 가입해서 유지했는데 하나의 서비스만 남겨둔 채 나머지는 다 해지했다.

가계부를 쓰고 달라진 점 세 번째, 나는 의지박약하지만, 종이에 쓴 나의 의지는 강한 힘을 갖는다. 나는 새해 목표를 세우고 얼마 지나지 않아서 나는 나약한 인간이라며 목표를 잊어버리기 쉽지만, 식탁 위에 둔 가계부를 볼 때마다 곧바로 '내 집 마련해야 하잖아.' 하고 의지를 다잡았다.

2020년 11월 기준으로 우리 부부의 급여는 760만 원을 받아서, 대출 상환, 식비 등으로 288만 원을 썼고, 472만 원으로 대출을 상환하고, 개인연금을 납입했고, 재투자했다. 급여의 약 60% 아낀 셈인데, 월마다 변수가 많은데 명절, 여름휴가, 가정의 달 5월에는 다른 달보다 지출이 많지만 그럼에도 급여의 50~60%는 대출을 상환하거나, 금융자산을 샀다.

2018년부터 시작한 가계부 쓰기는 지금까지 이어가고 있다. 2018년에는 내 집 마련을 위해 썼다면 2020년에는 주택담보대출을 최대한 상환하기 위해 썼고, 지금은 지출 통제를 위해 쓰고 있다. 가계부, 이 마법의 책은 가격은 2만 원도 하지 않지만, 무려 30,000배의 효과를 봤다. '경제력 있는' 아내로 뜻을 품었더니 '내 집 마련'과 '재테크'의 길이 열리기 시작했다.

# 김 과장님, 재테크 어떻게 하죠

가계부를 쓰고 종잣돈을 모은들 어디에 투자해야 할지 몰랐다. 학교 다닐 때 국 · 영 · 수 같은 과목은 어떻게든 공부했는데, 학교 선생님을 비롯해 내 주변에 그 누구도 '재테크를 통해 돈 잘 버는 방법'에 대해 알려주는 사람이 없었다. 하물며 누구는 계로 종잣돈을 돈을 굴린다던데 내 주변에는 그 흔한 계모임 조차 없으니 암담했다. 돈 공부는 각자도생인 건가? 그래서 우리 부부도 하나씩 배워갔다.

짜디짠 우리 부부가 펀드 투자조차 하지 않고 오로지 적금을 들던 2018년 어느 날. 2~3%짜리 정기적금으로 돈을 모아 수억짜리 집을 사려니 앞으로 남편이랑 10여 년은 더 일해야 할 판이었다. 그래서 어떻게 돈을 불릴 건데? 하는 질문에 해답을 못 구하고, 가족과 식탁에 앉아 오순도순 밥을 먹다가 말을 꺼냈다.

"우리 적금 말고 주식 해볼까?"
"좋은 생각인데 초짜인 우리가 주식을 시작하면 리스크가 크잖아. 그래서 당신 회사에 김 과장님 동생이 증권 회사에 다닌다고 했지? 동생 분을 소개받아서 물어보는 건 어때?"

전 직장 상사인 김 과장님에 대해서 남편한테 몇 번 말했는데 기억이 났는지 이야기를 꺼냈다. 과장님이 흔쾌히 소개시켜줄까 싶으면서도 최근에 내가 김 과장님에게 개인적으로 도움을 드렸으니깐 한번 말을 꺼내보기로 했다.

다음 날,

"은진 씨 안녕, 미안한데 내 동생 담당이 기업 투자라서 소개해줘도 도움이 안 될 거야. 그리고 나도 투자를 잘 몰라요. 도움이 안 돼서 미안해요."

단칼에 무 자르듯이 자르는 과장님의 말은 마치 전래동화 〈해와 달이 된 오누이〉에 나온 호랑이처럼 썩은 동아줄을 잡고 맥없이 하늘에서 떨어진 기분이 들었다. 사적으로 몇 번 도와준 걸로 투자를 알려달라니 어림도 없었던 걸까? 내가 노력해서 쌓은 친밀감이 허물어지더니 나와 과장님 사이에 베를린 장벽이 세워졌다. 어쩌면 남에게 추천할 만큼 확신이 없거나, 알려준들 그대로 투자할 사람은 없기에 모른다고 했으려니 하고 스스로를 타일렀다.

도대체 어떻게 투자하라고! '경제력 있는' 아내를 꿈꿨지만, 어떻게 경제적 여유를 이룰 수 있을지 방법을 찾지 못한 채 밤잠을 설치고 말았다. 나의 고민은 버뮤다 삼각지대에 빠져 허우적대다가 해수면에 내 몸이 잠겨갈 때쯤, 미련을 못 버리고 핸드폰에 '부자 되는 방법'과 '투자 방법'을 수 없이 검색했다. 세상에 나처럼 어떻게 투자해야 할지 궁금한 사람들이 많더라. "제발 재테크 방법을 알려주세요."라는 타이틀로 어떤 사람이 나처럼 간절해서 인터넷에 글을 올린 듯한데 아래에 이런 댓글이 있었다.

"대한민국에서 부자 되려면 부동산 투자만 한 게 없어요. 그리고 부동산 정보는 네이버 카페, 부동산 스터디를 활용하세요."

부동산 투자를 생각하니 양가 부모님을 떠올렸다. 당시에 나의 친정 부모님은 다가구 빌라에서 월세를 받아 생활하고, 시부모님은 지방의 오피스텔에서 월세를 받고 계셨다. 양가 부모님을 통해 부동산에 대해 배운 적은 없지만, 양가 부모님이 부족하지 않게 노후를 보내고 있기에 부동산 투자가 내게 가장 가깝게 느껴졌다. 그리곤 뭐에 홀린 듯 네이버 부동산 스터디 카페에 가입했다.

부동산 스터디 카페는 부동산 재테크에 조예가 깊고, 필력을 갖춘 재야의 고수가 화자가 되어 재능을 기부하는 카페다. 왜 고수들은 네이버 카페에 글을 쓸까? 재능 기부에도 용기가 필요하지 않을까? 성공한 부동산 투자자라고 할지라도 얼굴을 맞대고 본인의 재테크 노하우를 말하기 어려울 것이다. 물론 부동산 스터디 카페에는 고수의 노하우를 들어줄 청자가 많다. 유용한 부동산 정보를 서로 주거니 받거니 해서 카페는 그 영향력을 넓혀갔다.

부린이(부동산 어린이)인 나로서는 부동산 투자 고수들은 부동산 스터디 카페에 그들의 투자 노하우를 알려줘서 시간이 날 때마다 카페에 드나들었다. 나의 지루했던 통근 시간에 부동산 투자 방법을 읽었고, 틈이 날 때마다 카페에 들어가서 인기 글 중에 나의 눈을 멈추게 하는 글을 골라서 읽어봤다. 특히 우석, 고수감별사, 방배동 30년, 오스톨로이드의 글은 구독해서 자주 읽었다. 방배동 30년에게 카페 쪽지를 보내 부동산 투자 고민을 털어놓았고, 우석의 책,『부의 인문학』과 오스톨로이드의 책,『강남에 집 사고 싶어요』를 읽으며 부동산 투자 노하우를 배웠다. 그리고 고수감별사의 블로그 글과 유튜브 방송을 모조리 봤다. 부동산 스터디 카페에는 내가 궁금했던 모든 정보가 있었다.

부동산 공부를 시작하니 몰랐던 세상에 보였다. 대한민국의 대부분의 부자가 부동산을 통해서 부를 이뤘다는 것, 그리고 대한민국 국가 수립 이후 부동산은 상승과 하락을 거듭했지만, 장기적인 관점으로 바라봤을 때 부동산 가격은 꾸준히 우상향한 점이다. 더군다나 양가 부모님들도 부동산 임대를 하기에 양가 부모님의 조언을 받을 수 있었다.

부동산 투자 고수의 어깨너머로 배웠으니 이제 내 집 마련을 할 차례다. 혹시 사기를 당하면 어쩌나 하고 조마조마하지만, 일단 부딪혀 보자는 생각으로 공인중개사에게 전화를 걸었다.

# 내 집 마련 대장정

"안녕하세요. 네이버 부동산 보고 연락드렸는데, 토요일에 매물을 볼수 있을까요?"

부동산의 투자 세계는 신세계다. 부동산 초보를 일컬어 '부린이'라고하며, 관심 있는 곳을 직접 가서 보는 행위를 '임장'이라고 말한다. 2018년 어느 날, 부린이인 우리는 토요일마다 부동산 사무실 문을 두드리고집을 보러 다녔다.

어느 토요일 오전, 서준이가 탈 퀵보드와 유모차를 남편 차 트렁크에 싣고, 약속한 공인중개사 사무실로 온 가족이 출동했다. 우리 부부에게 부동산 사무실 첫 방문은 어색했다. 안경을 쓴 공인중개사가 매의 눈으로 우리가 그다지 돈이 없다는 걸 꿰뚫고 있는 듯 보였다. 처음 집을 보러 다닌 곳은 서울 서대문구와 은평구에 있는 아파트로, 사무실에서 가까운 곳이면 걸어서 갔고, 걷기 애매한 거리의 아파트면 공인중개사의 자동차에 타서 이동했다.

어린 서준이는 공인중개소 사무실에 놓인 사탕 외에는 아무런 관심이 없었기에, 부동산 사장님의 차 뒷좌석에 앉아 지루하다고 칭얼거리면서 앞좌석을 퍽하고 발로 차서 난감할 때가 여러 번이었다. 남편과 나는 교대로 칭얼거리는 서준이를 들쳐 업고, 아이가 잠들면 유모차에 눕혀두었다가, 심심해 하면 킥보드를 타게 했다. 그러다가 서준이의 지루함이 폭발하는 순간에는 재빨리 만화 영상을 보여줬는데, 그동안 우리는 칼같이 집을 둘러보거나, 공인중개사에게 궁금한 이야기를 물어보았다.

임장의 세계는 우리 부부에게 새로운 세계였다. 머리에 모공이 생겨난 이후 처음으로 몇억짜리 초호화 쇼핑을 시작한 거다. 하물며 차 한 대 새로 사기 위해 여러 차 대리점을 돌아다니면서 나에게 맞는 차를 알아보는 등 엄청난 고민을 하는데, 집을 사는 건 고려해야 할 사항이 한둘이 아니더라. 지역 선정부터, 출퇴근을 위한 교통편이 있는지, 학령기를 앞둔 서준이가 진학할 초등학교가 인접해 있는지는 물론, 바쁜 주변에 생활 편의시설과 식당가가 있는지 고려해야 했다.

이 세계를 처음 밟은 우리에게 시행착오가 있었다. 초기에는 의욕만 앞서서 집 앞 슈퍼에 갈 때 입는 옷차림에 슬리퍼를 신고 부동산 사무소에 들어갔다가 문전박대당했다. 소금만 안 맞았지 내쫓겨진 거나 마찬가지, 부동산 사장은 우리 부부의 옷차림을 보고 보여줄 집이 없다고 매몰차게 가라고 했다. 생각해보면 고가의 아파트를 산다고 하고 비루하게 옷을 입고 온 손님에게 아파트를 흔쾌히 보여줄 리가 없었다. 공인중개사 입장에서 '집을 살 만한 사람에게 집을 보여주겠지.'라고 깨닫고는 이후 복장을 잘 갖춰 입고 부동산 사무실에 찾아갔다. 회사 갈 때도 면바지에 운동화를 신고 출근하던 내가 매주 토요일은 핸드백을 매고 구두를 신고 나가기 바빠졌다.

중요한 점 하나, 공인중개사 사무실에 가기 전에 남편과 입을 맞췄다. 애정행각이 아니라 남편과 말을 맞춘다는 뜻이다. 공인중개사는 집을 보겠다고 온 사람들이 정말로 집을 살 만한 사람인지 살펴본다. 만약 10억짜리 집을 보여주는데 가용 자금이 1억도 없어 보이는 사람에게 집을 보여주지 않는다. 그래서 남편과 나는 그 집을 살 만한 능력이 있다고 보여줘야 한다.

예를 들어, 우리가 10억 아파트를 보러 왔다면, 현재 7억에 팔릴만한 집을 가지고 있다고 이야기해야 한다. 혹시나 시나리오가 꼬이지 않도록 남편과 거듭 확인했다. 왜냐하면 하루에 두세 군데 부동산 사무실에 갔기에 시나리오대로 말을 맞춰야 했다.


2018년에 우리는 실제 거주할 집을 알아봤다. 서준이의 학령기가 다가왔기에 안전하게 초등학교에 다닐 수 있는 곳에 이사해야 했다. 당시에, 우리에겐 전세금 3억에 5천 만 원의 현금을 보유했다. 2억 5천 만 원의 대출받으면 최대 6억 원의 집을 살 수 있었다. 당시만 했어도 6억 원 예산으로는 서울에 신축 아파트는 살 수 없었다. 그래서 서울 시내에 소단지의 아파트 또는 구축 아파트 위주로 돌아다녔지만, 예산 안에 아이가 안전하게 학교 보낼만한 아파트를 구하기는 어려웠다.

'정자가 좋으면 물이 좋지 않다.' 운치 있는 곳에 입이 딱 벌어질 정도로 멋진 정자가 세워져 있어도, 옆에 흐르는 물이 말랐거나 오염됐을지 모른다는 뜻이다. 즉, 모든 조건을 다 갖출 수 없다는 의미로 집을 살 때 고려해야 할 사항이 넘칠 만큼 많지만, 우리가 가진 예산으로는 그런 집을 얻기 어려웠기에 서울에서 벗어나 수도권 아파트로 눈을 돌렸다.

맞벌이 부부는 서로의 출퇴근 거리를 고려해야 하기에 서로의 회사의 중간지점을 알아봐야 한다. 남편의 직장은 인천 영종도고, 나의 전 직장은 서울 을지로라서 편도 1시간 거리의 장소를 찾았다. 우리 예산에 맞는 경기 북부 외곽순환도로 인접 지역 아파트를 임장 다니니 예산 내에 살 수 있는 선택지가 늘어났다.

주의 깊게 살펴본 지역은 고양시 덕양구 화정동이다. 1990년대 일산 신도시 입주 시기에 함께 형성했으며, 신도시답게 땅 모양이 네모반듯하게 나 있고, 아파트 인접에 우리가 원하는 생활 시설은 대부분 갖춰져 있었다. 아파트 단지 가깝게 초등학교가 있고, 학원가가 갖춰져 있다. 대형

마트와 쇼핑몰이 있어서 바쁜 맞벌이 부부가 아이 키우기에는 좋은 곳이었기에 그렇게 우리는 고양시 덕양구 화정동에 첫 집을 계약했다.

우리는 결혼하기 전부터 강아지를 키웠고, 어린 자녀가 있어서 아파트 1층을 주로 봤다. 아파트 1층의 장점은 층간소음의 가해자가 되기 어렵다. 여러 곳에 임장을 다니면서 여러 집을 가보면서 층간 소음으로 여러 집이 트러블을 겪고 있는 걸 봐왔던 터라 1층을 선호했다. 그리고 1층 아파트의 장점은 엘리베이터를 타지 않아도 되는 점이다. 1층에 살면 분리수거, 쓰레기를 버릴 때 많은 시간이 필요하지 않은 점이다. 분리수거뿐 아니라 각종 쓰레기, 음식쓰레기까지 버려야 하면 온 가족이 다 동원해야 할 판이다.

그런데 엘리베이터를 기다리고, 좁은 엘리베이터 안에서 주인들과 껴서 내려갈 때면 만원 지하철과 다르지 않아서 답답해서 빨리 나가고 싶은 정도다. 그런 점에서 1층은 엘리베이터 이용에서 자유롭다. 마지막으로 아파트 저층 세대에 살면 엘리베이터 사용료를 내지 않아서 돈을 절약할 수 있다.

반면 아파트 1층에 살면 사생활이 노출되는 불편한 점도 있다. 도둑이 들기도 쉬워서 창문 하나 쉽게 열어두고 나가기 어렵다는 문제점이 있다. '정자가 좋으면 물이 안 좋다.'의 단적인 일면이다. 그런데도 1층만의 장점이 있기에 어린아이들을 키우거나 또는 노인 가정에서는 아파트 1층을 선호한다.

나의 첫 집, 고양시 덕양구 화정동 아파트는 우리가 구매하기 2년 전에 전 주인이 새시까지 올 인테리어 한 아파트였다. 제법 돈을 들인 집이었지만 전 주인이 이 집을 팔 때는 인테리어 한 가격을 채 받아내지 못했다. 인테리어 비용은 감가상각 되기 때문이다. 그뿐만 아니라 화정동은 집값이 오르기 전이라서 전 주인이 올린 가격보다 천만 원을 깎아서 살 수 있었다.

화정동 아파트는 우리에게 내 집 마련의 첫 경험과 함께 다가오는 부동산 상승기에 불안함이 덜어줬다. 내 집 한 채는 인플레이션 방어용으로 집값이 오르든 내리든 걱정 없이 안정적으로 거주할 수 있다는 장점이 있다. 하지만, 실거주 집 한 채로는 현금 흐름을 만들 수 없기에 임장

본능은 식을 줄 몰랐다. 집을 두 채를 가져야 한다. 집 한 채는 인플레이션 방어용, 집 두 채부터가 부동산 투자의 시작이기에.

2018년 가을, 고양시 덕양구 화정동에 터를 내리고 서준을 인근 어린이집에 보내면서 안정적인 생활에 접어들었지만, 우리 부부는 집 한 채에 만족하지 못하고 수도권 방방곡곡의 아파트를 보러 다니고 있었다. 신혼부부가 내 집 마련하고는 여유자금은 한 푼도 없었지만, 진심이 통하면 길이 생길 것이라 믿었다.

임장의 범위를 넓혀 이제껏 가보지 못한 경기 남부지역부터 서울 강서구와 고양 일산지역까지 들쑤시기 시작했다. 당시에 양가 부모님과 형제자매들이 매주 토요일이 되면 우리 가족이 깜깜무소식이라고 군소리를 내뱉을 정도로 아파트를 보러 다니기 바빴다. 엄마, 아빠를 따라 매주 토요일이 되면 부동산을 함께 보러 가던 서준이도 만화 영상이 지겨웠는지, 더 이상 집을 보러 다니지 않겠다며 '보이콧'하기에 이르렀다.

하늘은 간절한 사람을 돕는다고 했던가, 유주택자인 경우, 기존 주택을 담보로 주택담보대출을 받아서 새로운 주택을 살 수 있음을 알게 됐다. 주택담보대출을 처음 받기까지 어려웠지 받아보니 대수롭지 않았다. 누가 그러는데 대출은 능력이라고 하던데, 무리하지 않은 선에서 대출을 받아서 아파트를 추가매수 할 수 있다니 거절할 이유는 없었다.

　우리는 무리하지 않는 선에서 추가 대출을 받아서 세컨드 하우스를 사기로 했다. 뱁새가 황새 따라가면 가랑이 찢어진다고 영혼까지 끌어모은 과도한 대출은 가정 경제가 파탄 날 수 있다. 혹여 맞벌이에서 외벌이가 된다 해도 버텨낼 수 있는 대출만 받기로 했는데, 계산해 보니 기존 대출 외에 매월 대출 상환 55만 원 가능했다. 두 번째 집 마련을 위해 1억 원의 대출을 계획했다.

　두 번째 아파트 구매는 우리에게 리스크가 있었다. 오로지 대출로 구매해야 했고, 실거주할 가능성은 크지 않아서 집값이 내려가거나, 전세가가 하락하면 우리가 온전히 부담해야 했기 때문이다. 그래서 지역 선정은 남편 회사에서 가까운 곳을 알아보았다. 뭐하면 우리가 직접 들어가서 살 수 있는 곳. 그리게 정한 지역이 인천 연수구 송도동였다.
　남편이 결혼하기 전에 인천 송도에서 자취한 적이 있었는데 당시에는 개발 초기라서 컨벤시아대로에는 차가 없었고, 대형마트는 하나뿐이라 장보기가 어려웠다. 그리고 2019년에 다시 송도를 가보니 그곳은 내가 알던 곳이 아니더라. 곳곳에 빈 땅은 생활 편의시설과 아파트로 메워져 있었고, 학원가가 즐비해 아이 교육하기 좋아졌다. 아이가 있는 집이라면 누구나 살고 싶은 도시였다. 더군다나 부동산 상승기에도 아직 구축 아파트 가격이 오르지 않아서 몇 개의 아파트를 둘러보고 내 맘에 쏙 드는 아파트를 찾았다.

내 맘에 쏙 들었던 아파트는 노부부가 몇 년 전에 인테리어해서 살던 집으로 크게 손볼 데 없이 깨끗했다. 그리고 아파트 매도인을 전세 세입자로 설정하고, 매입가와 전세가 차액인 1.2억은 화정동 아파트에서 담보대출을 일으켜 송도 아파트를 구매했다. 우린 수중에 가진 돈 한 푼 없이 두 번째 아파트를 구매했다. 당시는 송도가 본격적인 상승장을 타기 전이라서 투자 대비 수익은 기대 이상이었다.

2016년부터 시작한 대한민국 부동산 상승기는 서울 강남을 중심으로 상승하더니 서울 전 지역으로 확산됐고, 경기 지역으로 이어져 2019년에는 인천 아파트가 상승하기 시작했다. 부동산 가격 상승의 영향으로 2018년에 전세금 3억으로 시작한 부동산 투자가 2년 만에 순 자산 10억을 달성했다. 2022년 하반기에 부동산 하락기를 맞이하면서 우리의 순자산은 조정받았지만, 부동산 가격의 상승과 하락은 큰 걱정하지 않는다. 부동산이 하락하면 입지가 좋은 곳으로 갈아타기 좋은 시기이기에 우리는 끊임없이 관심 아파트의 실거래가에 지속해서 관심을 두고 있다.

돈을 알고 투자를 알면 즐겁다. 그리고 자산을 축적해 가는 과정에서 남편과 내가 인생의 운명 공동체가 단단해진 게 무엇보다 큰 성과였다. 두 번째 아파트까지 마련하고 나서 그동안 우리 부부를 옥죄었던 '소유하지 못한 박탈감'과 '알지 못하는 것에 답답함'에서 벗어났다. 재테크는 나의 학력과 경력 사항을 고려하지 않고 노력한 대로 충분한 성과였기 때문이었다. 부동산 투자 성공으로 회사에서도 자신감이 넘쳐났다.

"회사 일보다 내가 스스로 하는 일을 꽤 잘하는데?"

수백억대의 부동산 부자와 비교해서 우리 부부가 이뤄낸 성과는 약소

하다. 다만, 이를 통해 '경제력 있는' 아내의 첫걸음을 뗐고, '자심감 있는'

아내, '육아 자신감 있는' 아내로 한 걸음 나아갈 수 있었다.

## 주식 투자기

누구나 호환·마마보다 무서운 것 하나쯤은 있다. 남편에게는 나의 퇴사와 외벌이로 경제적 부담이 두려웠듯이 유년시절에 친정아버지의 주식 투자로 막대한 돈을 잃었던 터라 난 주식 투자가 가장 무서웠다. 그런 나에게도 우연한 기회에 주식 투자를 시작했고, 이를 계기로 금융자산을 구축할 수 있었다.

2020년 3월, 전 세계적인 코로나19 팬데믹 유행으로 주식시장이 대 하락장을 맞았다. 주식 계좌를 개설해본 적조차 없던 내가 네이버 '부동산 스터디' 카페를 통해 주식을 살 절호의 타이밍임을 알았다. 내가 '부동산 스터디' 카페 신봉하게 된 건, 재테크 고수의 어깨 너머에서 내 집 마련을 하고, 세컨 하우스를 사는 등, 성공 경험을 쌓아가니 호환·마마보다 두렵던 주식투자가 무섭지 않았다.

마침 서준이가 받은 용돈을 모아 적금을 들었는데 200만 원이 돼서, 이 돈을 가지고 아들 명의로 주식 계좌를 개설해서는 주가가 내려간 주식을 사주기로 했다. 종목 선정은 일반인인 내가 쉽게 아는 주식으로 보잉, 월트디즈니, 스타벅스, 존슨앤드존슨을 샀고, 보잉은 산 지 얼마 안 돼서 30%의 수익을 봤다.

2020년 당시, 우린 번갯불에 콩 볶아먹듯이 지난 2년간 아파트 두 채를 사서 주택담보대출을 상환 중이었기에 주식 투자를 할 여유 자금이 없었다. 인생에 몇 번 없는 10년에 한 번 온다는 주식 대 하락장 찬스를 놓치지 않고자 내 명의로 신용대출을 받아 남편에게 주식 투자하라고 설득했다.

"여보, 내 주거래 은행에서 저리로 신용대출이 나와서 일부는 주택담보대출을 갚고, 나머지 천만 원은 당신 계좌에 보내니깐 이걸로 주식 투자를 시작해 봐. 갚으라는 말은 안 할게."

상대방에게 부탁할 때, '~ 좀 해볼래? 고민해 봐.'로 보통 시작하지만, 이미 몇 년 전부터 적금만 들던 남편의 성향상, 주식 투자를 시작하라고 설득한들 통할 리가 없었다. 그래서 상의 없이 남편 계좌로 주식 투자금 천만 원을 송금하고 밥이 됐든, 죽이 됐든 신경 안 쓸 테니 먼저 투자해 보라고 했다.

남편은 갚지 말라는 말에 부담 없이 주식 계좌를 만들었다. 그렇게까지 한 이유는 나의 충동적인 투자 성향 때문이었는데 주식에 투자해서 수익도 봤지만, 손실을 본 쓴맛을 보았기에 주식 투자는 내게 맞지 않음을 알았다. 그래서 주식 투자는 나보다는 침착하고 안정적으로 투자하는 남편이 주식 투자를 잘할 것이라는 생각이었다.

나의 예상은 적중했다. 당시에 급락이 심하던 종목을 사고팔기를 거듭

한 나보다, 우량주를 분할 매수해서 장기 투자하던 남편의 주식 계좌는 꾸준히 수익을 봤다. 이렇게 되기까지 남편은 밤새 핸드폰을 가슴팍에 올려놓고 주식이 혹여나 휴지 조각이 될까 조마조마해하며 밤새 실시간으로 주가 변동을 살피기도 했지만, 코로나 엔데믹 무렵, 남편은 개별종목은 정리하고 안정적인 지수로 종목을 변경했으며, 더 이상 밤잠을 설치지는 않는다.

부부가 재테크를 할 때는 부부의 성향에 맞춰 포지션을 정하는 걸 추천한다. 빠른 선택, 행동력이 나의 장점이지만, 나의 조급함에 일을 그르칠 수 있다. 반면에 남편은 조심스럽고 안정적 성향이라서 결코 섣부른 선택을 하지 않는다. 그래서 지금은 남편에게 나와 아들의 주식 계좌를 공유했고 남편이 관리하게 한다. 가계 여유자금도 남편이 관리 중이다. 남편은 경기를 타는 주식은 매도하고 안정적인 포트폴리오로 개편했고, 자산 재배치를 위해 일부분은 적금으로 운용하고 있다.

금융자산(예금, 주식 등)을 구축해야 하는 이유는 뭘까? 자산을 오로지 부동산에만 집중하면 바로 현금화할 수 없기에 급전이 필요한 상황에서 현금을 융통하기 어렵다. 좋은 부동산은 길게 가지고 있을수록 가치를 발하지만, 급전이 필요한 상황이 닥치면 아무리 좋은 부동산이라도 헐값에 팔아버릴 수밖에 없기 때문이다. 역 전세 같은 오금 저리는 상황이 닥칠 수 있어서 손쉽게 현금화할 수 있는 자산 배치가 필요하다.

주식은 부루마블 게임과 같아서 좋은 주식을 사두면 내 노후를 보장한다, 주사위로 나오는 도시를 하나씩 사 놓으면, 상대편이 내 도시에 거쳐 갈 때마다 통행료를 내는데 그 돈으로 다른 도시를 사지 않는가? 배당주에서 배당금을 받으면 또 주식을 살 수 있다. 자산이 늘려가는 선순환으로 마치 돈방석에서 돈이 자꾸 늘어난다. 미국 은퇴자들이 주식형 퇴직 연금으로 노후에 돈 걱정 없이 생활할 수 있는 것도 이 때문으로 은행 예금의 몇 배나 되는 수익률 덕택에 주식을 팔아서 매달 생활비로 써도 원금이 줄어들지 않는다. 세계 각지 휴양지에서 미국 은퇴자들이 여유 있게 노후를 보내는 이유가 이 퇴직 연금 덕분이라 할 수 있다.

우리가 선호하는 주식은 지수형 ETF로, 미국에 상장된 500개 기업의 종합 지수를 따르기 때문에 변동 폭이 크지 않아 자주 주가 변동을 찾아보지 않아도 되고, 최근 10년 동안 꾸준히 매년 약 10% 수익률을 기록해서 이만한 노후용 자산이 없다.

당신의 삶을 항해하는 조타수는 누구인가. 나의 삶에 주인공이 나이기에 목표하는 경제적 여유를 달성하기 위해 목적지 설정과 어느 항로로 갈 것인지를 스스로 정해야 한다. 그래서 보험사, 은행에 돈을 맡겨서 간접 투자하지 않고, 부부가 함께 직접 투자해서 순 자산 10억을 달성했다. 아직 완전한 경제적 여유 달성하지 못했지만, 그날을 고대하며 앞을 향해가겠다.

# 우리가 지나칠 수 있었던 기회들

"Look, if you had one shot, one opportunity. To seize everything you ever wanted—One moment. Would you capture it or just let it slip?"

에미넴의 노래, 〈Lose yourself〉의 도입부에 가수의 자전적 대사가 흘러나온다. 인생을 크게 바꿀 단 한 번의 기회가 찾아오면 그대로 잡아챌 것인가? 아니면 놔둘 것인가? 그의 말처럼 우리의 인생의 몇 번의 기회를 찾아오지만, 그 기회를 움켜쥐는 사람은 극히 일부고, 대부분은 그 기회를 흘려보내고 나서 그것이 두 번 다시 오지 않는 찬스임을 자각한다. 만약 내 주변에 기회를 잡아챌 수 있도록 이끌어주는 사람이 있다면 기회를 놓치지 않는다. 이건 나와 내 지인이 겪은 기회에 관해 이야기다.

충치와 야식의 나날을 보내고, 자신감이 바닥을 치던 그 시절에 나와 비슷한 상황의 워킹맘과 자주 어울렸다. 우리의 인연은 지역 육아 카페에서 만났고, 나이가 비슷한 친구 몇 명이 모여 아이를 데리고 밖 안 나들이했다, 나이가 비슷했고 아이를 키우고 있어서 우리는 말이 잘 통해서 종종 술자리를 가졌다.

우리는 만나서 직장 내 어려움, 가정 내 갈등을 이야기하며 서로 공감하며 화기애애하게 술자리를 이어갔다. 귀가 시간에 맞춰 술자리를 정리하고 나왔는데 지인과 헤어져서 혼자 집에 갈 때는 지인과의 온기는 온 데간데없이 사라지고 알 수 없는 피로감에 지쳐 갔다. 이후 몇 차례의 만남이 이어졌지만, 술자리의 즐거움보다 공허함만 커져갔다. 나의 문제점을 해결하지 못한 채 자기 위로의 시간을 보낸 들 마음이 편치 않았다.

30대 후반이 돼서 그제야 철이 들었는지 술자리에서 내 처지를 비관하기를 멈췄다. 내 문제를 해결할 수 있는 건 오로지 나인데 내 상황을 비난한들 나아질 게 아무것도 없었다. 회사를 나오기로 결심한 이상 내가 경제적 여유를 만들어야 했기에 비관하기보다 내 상황을 정면 돌파하기로 마음을 다잡았다. 어떻게 세상이 돌아가는지 알기 위해 시사, 경제 뉴스를 보고, 수많은 재테크 책을 읽으며 부동산 투자의 밑거름을 만들었다. 적은 노력이 쌓여가 나를 꿋꿋이 일으키는 힘이 되더라. 설사 전 회사에서 어려움을 겪어도 크게 개의치 않고 재테크를 하면서 자산을 늘려가며 내 자신을 일으켰다. 회사에서 나의 존재는 투명했지만, 내 안에 작은 힘들이 단단히 뭉쳐 형형색색 빛났다.

이러한 나의 변화에 함께 워킹맘 친구, A가 부동산 투자에 관심을 두게 됐다. 당시에 내가 워킹맘 단톡방에 시도 때도 없이 부동산 규제 대책과 각종 뉴스를 퍼 날랐던 게 발단으로 A와 나는 나이가 같은 데다가 집까지 가까워서 우리는 자주 만나서 투자 이야기를 나눴다. A에게 내가 두 번째 집을 알아보고 있다는 이야기하면 '돈도 없다면서 미쳤냐?'라며 A는 쉰 소리를 내뱉으면서도 '용기가 대단하다'며 감탄을 쏟아냈다. 내 이야기로 그녀는 큰 결단을 했는데 직장인 신용대출을 일으켜 친정어머님의 집을 사는 데 보태주기로 했다.

A는 책임감이 강한 한 가정의 가장이다. 넉넉하지 않은 가정 형편의 3 남매의 장녀로 태어나 대학을 졸업한 20대 초반에 경제 활동을 시작했다. A는 결혼해서 친정어머니와 따로 살지만, 연로한 어머님이 집 없이 사시는 모습이 못내 마음이 쓰였다고 한다. 오랜 직장생활로 개인 신용도가 높았던 그녀는 은행에서 저리로 신용 대출을 일으켜 어머님 명의로 아파트를 사는 데 보탰다. 부동산 상승 기류를 잘 타서 어머님의 아파트가 산지 몇 달 만에 가격이 뛰었는데, A는 추가로 대출을 일으켜 아파트 한 채를 더 매입했다. 단시간에 아파트 두 채를 산 A는 부동산 투자를 알려준 내에게 고맙다고 했다. A의 빠른 결단력이 없었다면 저렴하게 아파트를 살 수 없었을 것이다. 결혼만이 타이밍이 아니듯, 빨리 선택해야 기회를 거머쥘 수 있다.

우리 삶에 3번의 기회가 있다. 그 기회를 놓치지 않기 위해서 우리 주변에 어떤 사람이 함께하는지 살펴보자. 칠흙 같은 어둠 속에 스스로 밝

혀가는 이가 있다면 그 사람이  내 성장에 보조제가 되어 작게나마 나의 삶에 영향을 끼칠 것이다. 환경이 사람을 만든다고 한다. 그렇듯 스스로가 변화하고 싶으면 주변에 나를 변화하게끔 하는 사람들과 함께하기를 기원한다. 그게 나의 배우자가 될 수도 있고, 나의 친구가 될 수 있으니 말이다.

# 4장

## 커리어 전환으로
## 자신감 회복
## - 자신감 있는 아내

# 10년 주기로 다른 일을 하다

2020년 말, 내가 일하며 자신감이 바닥을 치고 있을 때, 내가 받는 월급만큼이나 가치를 하고 있나 고민이 됐다. 월급쟁이인지라 연봉은 되도록 많이 받고 싶은 게 사람의 욕심이지만, 이미 난 전 부서에서부터 사업 축소다 뭐다 할 일이 없는데도 매달 월급을 받기 미안해졌다. 나 스스로도 전 회사의 고인 물임을 인정하게 됐는데 이김에 내가 회사를 그만둬서 새로운 사람을 뽑는 게 같이 일하는 동료에게도 낫겠다 싶었다.

이건 중대한 병이다. 한 가지의 일을 10년 이상 지속하지 못하는 병. 내가 성인이 되고서 여러 차례 직업을 바꿔왔는데 20대에는 요리사를 했고, 30대에는 회사원이었고, 40대에는 나의 콘텐츠 사업을 하길 원한다. 그렇기에 나의 50대, 60대에도 또 다른 일을 하고 살지 않을까? 이런 나의 직업 성향을 '직업 갈아치우기 10년 주기설'이라 하겠다.

'직업 갈아치우기 10년 주기설'의 시작은 내가 고3 때였다. 갑 티슈 속 새하얀 휴지처럼 티 없이 맑고, 순수한 시절에 난 TV에서 어느 호텔 주방장을 소개하는 방송을 보고 요리사가 되겠다고 결심했다. 음식을 못 만들게 하며 키운 셋째 딸이 험한 일을 하겠다는 말에 부모님은 쉽사리 말을 잇지 못했다. 그런데도 나는 대학에 진학할 만큼 공부를 썩 잘하지 못했기에 빨리 일을 배워서 돈을 벌고 싶었다. 그래서 나는 고등학교를 졸업하기 무섭게 서울시에서 운영하는 직업학교에 입학해서 한식, 양식 조리기능사 자격증을 취득하고, 다음 해 호텔조리학과에 입학했다. 지금 생각해 보니 부모님 방에서 뒹굴뒹굴하며 본 TV 방송이 나의 10년을 이끈 셈이다.

2년제 대학을 졸업한 난 조리사로 호텔에 취업했다. 당시 내 나이 23세, 160센티미터에 47kg의 작은 몸으로 나는 스무명이 넘는 남자 조리사와 함께 일했는데, 나 혼자 여자였기에 여성성을 앞장세워 힘든 일에서 빠지고 싶지 않았다. 주방에서 나의 여성성이 왜 핸디캡이었을까? 신체상 여성보다 남성이 주방 일을 하기 유리하지만, 힘든 일에 내빼고 싶지 않았다. 이를 증명하려고 3교대 근무는 물론 100kg가 넘는 물이 팔팔 끓는 들통을 들어 쿨러 안에 넣는 일을 마다하지 않았고, 컨벤션 홀에서 큰 행사가 열리면 음식 준비로 동원되었는데 어항에서 활어를 꺼내서 생선 머리에 낫을 내리치고, 칼로 목과 꼬리뼈를 끊어버리는 일에 동참했다. 수십 마리의 대학살이 끝난 뒤 온통 비릿한 피비린내가 진동했는데, 그 일이 내게 트라우마가 되었는지 횟집에 가서 잘 차려져 나온 생선회는 한동안 먹을 수 없었다. 깨끗하게 잘려 나온 생선 살이 되기까지 어떤 과정이 있었는지 알고 있기 때문이다.

나의 핸디캡인 '여성'성을 극복하려고 험한 일을 마다하지 않았지만, 아이러니하게도 나의 내면에는 여성으로써 존중받길 원했다. 주방에서는 칼날이 번뜩거리는 칼을 들고 활어의 목을 따던 무성(無性)이던 나는 아이러니하게도 주방 밖에서는 이성 교제를 하며 흐려져가는 여성스러움을 되찾아가려고 했다.

주방에서 여성을 대상으로 한 성적인 대화가 빈번했다. 나의 동료는 여자 조리사인 나 외에 주방 일을 도와주는 여사님 앞에서 낯 뜨거운 대화를 이어갔고, 여성에 대한 존중은 전혀 찾아볼 수 없었다. 그럼에도 나는 화장실을 갈 세도 없이 일했는데 이때 받았던 스트레스로 절박요실금에 시달렸다. 엎친 데 덮친 격으로 정규직 전환을 목전에 두고 뜨거운 다시 통을 쿨러에 넣다가 내가 손을 놓쳐버려서 크게 화상을 입었고, 그 일을 계기로 계약직 계약이 끝날 때 나는 호텔을 그만뒀다. 이후에 나는 호텔 근무 기간 24개월을 '군 복무 기간'이라고 말하는데 상하구조가 뚜렷한 남성 중심의 일터는 군대와 다를 바 없었다. 그리고 힘없는 노동자가 꿈 하나로 세상을 헤쳐가기에는 세상이 호락호락하지 않음을 깨달았다.

젊어서였을까. 호텔을 그만두고 못다 이룬 꿈을 이루고자 푸드 스타일링을 배우러 일본 유학길에 올랐다. 일본에서 학비와 생활비를 마련하고자 아르바이트를 병행해야 했는데 제 버릇 남 못 준다고 유학기간 내내

이자카야와 한국 음식점 주방에서 일했다. 그렇게 요리사의 길을 이어갔지만, 요리 학교 입학 서류에 일본인 보증서가 있었는데 그 한 장 때문에 진학을 포기해야 했다. 부질없는 미련 때문에 시작한 일본 유학, 나의 20대 내내 요리 세계에 몸을 담았지만, 푸드 스타일링 학교에 진학하지 못한 건 다행이라고 생각한다. 난 체구가 작고, 체력도 약해서 지금까지 조리사를 했다면 더 큰 사고를 겪었을 것이다. 일본에서 요리 학교 대신 비즈니스 스쿨을 진학해서 주방에서 아르바이트하며 남은 20대를 요리사로서 삶을 끝마쳤다. 이로서 '직업 갈아치기 10년 주기설'의 첫 좌표를 그었다.

내 나이 30살에 귀국하고 일본계 무역회사였던 전 직장에서 날 계약직으로 채용하면서 나의 사무직 생활이 시작했다. 이때 세상을 배웠고 내 삶이 본격적으로 날갯짓 한 시기였다. 이탈리아 이민자인 엔리코 모레티 경제학 교수가 쓴 책, 『직업의 지리학』에 따르면 '교육 수준이 높은 사람들을 가까이에 많이 두고 있으면 단지 그것만으로도 금전적으로 이득을 얻게 된다'고 말한다. 함께 일하는 유능한 동료들에게 자극받아 나 스스로 성장해 간 시간을 떠올리면 『직업의 지리학』의 메시지를 공감한다. 전 직장의 동료는 좋은 교육을 받은 인재였고, 나는 그렇지 못했다. 난 일본에서 유학을 했어도 주방에서 일하면서 써온 나의 스트리트 일본어는 말이 거칠어서 전 회사에 입사하고 일본어 상급 책을 꺼내서 존경어와 겸양어를 다시 익혔다. 무역회사에서 영어를 못하면 말이 안 됐기에 퇴근해서 영어학원을 다니고, 전화 영어 수업을 받으며 영어 실력을 향상했다. 이 시기에 사랑하는 이와 결혼을 해서 아이를 출산했고, 재테크로 경제적 여건을 마련한 때가 나의 30대다.

나의 30대를 전 회사에서 보냈지만, 10년 이상 일을 이어가지 못했다. 전 직장에서 내가 능력을 발휘하지 못한 점도 있지만, 무엇보다 아이 문제가 가장 컸다. 시댁과의 불화로 아이를 하루 11시간 동안 어린이집에 두고 일하러 다녔기에 아이는 또래 아이보다 저체중에 저신장의 자라 있었고, 아이 학습에는 크게 구멍이 나 있었다. 서준이가 초등학교를 들어가기 전에 한글 학습을 해야 하는데, 일하고 곤죽이 돼서 돌아온 남편과 내가 아이와 공부할 여력이 안 됐었다. 이런 아이가 학교에 입학해서 알아서 공부하고, 혼자서 집에 귀가하는 게 불가능했다.

내가 회사를 그만두기 전에 네이버 블로그에 일하면서 있었던 일을 하나씩 적었다. 이때 내 생각을 써두지 않으면 기억이 왜곡해 버리기 때문에 왜 일을 그만두기로 결심했는지, 그리고 앞으로 어떤 일을 하고 싶고, 어떤 삶을 살고 싶은지 떠오를 때마다 기록했다. 일을 그만두면 일하면서 들었던 비장했던 나의 결심이 시간이 지나면 흐지부지 만들고 싶지 않아서였다.

『나의 비건 분투기』의 저자 손은경 작가의 글쓰기 수업에서 말했다. '나의 기록이 모여 결과를 낼 수 있기에 그 과정을 기록하라.' 시시각각 바뀌는 나의 감정과 생각이 훗날 다음 책의 주제가 되거나 혹은 유튜브 영상이 될지도 모른다. 이렇게 나의 40대는 콘텐츠 만들기, 프리워커의 시작이다. 프리워커의 주된 일은 인간 장은진을 콘텐츠화해서 나의 블로그와 유튜브에 올린다. 난 콘텐츠를 만들 시간이 부족하면 새벽 5시에 일어나서 글을 쓰고, 영상을 만들 정도로 이 일에 성취감을 느끼고, 재미에 흠뻑 취할 정도로 즐겁다.

만약에 말이다. 내가 50이 되면 다시 병이 돋지 않을까? 갑자기 여행

작가가 되겠다고 세계 방방곡곡을 여행하고 다니거나, 나의 복싱 취미를 살려 복싱장을 차려보겠다고 선언할지도 모르겠다. 그런들 어떠한가 다른 일을 시작해 보면 되는걸. 그리고 다시 나를 뜨겁게 만드는 다른 일에 매진해 있을 것 같다. 내가 60에는 50대 때 한 일을 이어서 할까? 내가 육순이 되면 다른 일을 찾고 있지 않을까? 가장 확실한 건 남편과 황혼육아 하면서 아들내외랑 지지고 볶고 살지도 모르겠다.

많은 자기계발서에는 한 분야에 10년간 일하며 전문가가 되라고 조언한다. 하지만 나는 다르게 생각한다.

"10년 간 같은 일을 해왔지만 나를 뜨겁게 만들 수 없다면 플랜 B로 바꾸자!"

마치 가고 싶은 대학과 학과를 1순위, 2순위, 3순위로 정하고 입시를 준비하듯, 나의 일에도 차선책을 만들어 두고, 후순위로 가게 된다 해도 다른 선택에 몰입하면 된다. 이러한 과정이 우리의 인생을 크게 볼 때 인생을 크게 선회한 잘못된 선택이 아님을 알게 되는 날이 온다. 여러 도전

과 노력으로 우리가 즐기면서 잘 할 수 있는 일을 찾아가는 과정을 찾아

갈 뿐이다.


우리의 삶 속에 별 풍선이 있다. 살아가며 기회는 계속 주어지기에, 우리가 삶을 진지하게 마주하고 살아가게 된다면 수많은 기회 중에 하나를 마주하게 된다. 나의 20대 때는 좋아하던 요리로 10년간 일하다가, 이후 10년간 사무직을 했으며, 40대인 지금은 나에 대한 책을 쓰고, 콘텐츠 사업을 갖길 원한다.


1순위 의과대학 입시에 떨어지면 실패했다고 할 수 없듯, 2순위, 3순위의 선택으로 인생에서 별풍선이 쏟아져서 기회를 맞을 수 있다. 일본에서 별 볼 거 없던 한국인 유학생이 서른 살에 글로벌 기업에 취업하고, 경제적 여유를 만들었으며 그녀의 40대에 자기 삶을 책에서 회고하듯이 말이다. 그럼에도 나는 다시 한번 내 인생에 별풍선이 쏟아지는 그날을 꿈꾼다.

# 새로운 일상을 시작하다

2021년 10월 6일은 마지막 출근일로 모든 과정이 슬로우 비디오처럼 천천히 흘러갔지만, 다음 날, 인천 송도에 이사하고 나의 생활은 모든 것이 바뀌었다.

디데이, 나를 좀 더 나은 사람으로 만들어준 전 회사를 10년간 한 사랑은 홑사랑이었다. 회사를 그만두기 결심하기까지의 고뇌가 무색할 만큼, 그날의 신변정리는 단순했다. 지난 날 내가 어떤 일을 했는지 짐작하게 하는 낡은 파일과 공책은 그 주인만큼이나 미련하게도 부피가 컸지만, 슈레더 속에 들어가 산산조각 나 버렸다. 한때는 나를 들어 올렸던 사원증을 오랫동안 만지작거리다가 주인 잃은 책상 위에 올려두고는 회사 엘리베이터를 향했다. 나의 마지막 출근 일에 신변정리의 시간은 짧았지만 여운은 깊어갔다.

전 회사를 나서는 내 손에는 일하면서 쓰던 조잡스러운 일상용품을 담은 작은 쇼핑백을 들고 있었는데, 자진 퇴사였음에도 여운이 더해져 가방의 무게가 묵직했다. 아뿔싸! 을지로입구 역에 들어섰을 때 작은 쇼핑백의 맹장이 터져 조잡한 온갖 용품이 쏟아졌다. 급성맹장으로 옆구리가 터져버린 쇼핑백을 아기처럼 들어 안고는 빠른 걸음으로 전동차에 올랐다.

퇴사한 다음 날은 꽤나 터프했다. 전 회사에 대한 미련을 훌훌 떨치려고 했는지, 번갯불에 콩 구워먹듯 마지막 출근일 다음 날 인천 송도에 이사 왔다. 이삿날 오전 7시부터 띵동! 하는 벨소리가 울렸고, 이삿짐 센터의 인부들이 순식간에 집 안으로 들이닥쳤다. 옥수수 낱알에서 팡팡 튀겨지듯 해야 하는 일이 많아서 어제의 여운은 순식간에 사그라들었다. 그저 정신 줄을 놓지 않으려고 안간힘을 쓸 뿐이었다.

이사하고 나의 삶은 많이 달라졌다. 서준이는 초등학교 입학을 앞두고 두 달 간 다닐 유치원을 옮겼고, 이사 온 아파트에서는 인덕션을 써서 도시가스 요금이 안 나온다는 사실을 이사하고 몇 달 후에 알았다. 그리고 고양시 아파트에서는 1층에서 살았기에 층간 소음에 신경을 안 썼지만, 이사 온 집은 고층이라서 층간 소음의 가해자가 될 수 있어서 아랫 집에 피해주지 않으려 신경 썼다. 이러한 갑작스런 변화에 적응하느라 지난 회사생활이라든지 마지막 출근 날의 서운함은 떠올릴 틈이 없더라. 일을 그만두고 그대로 고양시에 살았다면 매일 아침 쫓기듯 출근했던 그 길을 걸었다면 전 회사를 그만뒀다는 후회가 밀려왔을지도 모른다. 다행히도 일을 그만두고 바로 이사했기에 후회의 감정이 밀려오지도 몸이 아플 여유도 없었다.

워킹맘과 다른 일상의 시작, 아침 벨이 울리기 바쁘게 남편과 아이 아침식사 준비에 바빠졌다. 남편과 아이가 떠난 집에 홀로 남아 남은 집안

일에 분주해졌다가, 회사 다닐 때 맛들인 커피 맛을 못 잊고는 원두 커피를 한잔 내리고 본격적으로 내 일을 시작했다. 커피 한잔을 들고 컴퓨터 방에 와서 블로그에 나의 퇴사 이야기와 미라클모닝에 관한 글을 포스팅하고, 유튜브에 퇴사하고 바뀐 나의 모습 영상을 올렸다. 담담하게 퇴사한 이야기를 담아내는 영상에 퇴사를 준비하는 분들의 공감과 응원이 이어졌다. 회사 생활을 통해 잃어버린 나를 되찾아가는 사람이 많았다. 그들의 공감에 힘입어 글을 쓰고 영상을 만들기가 새로운 일과가 됐다. 이때 한 일 하나하나가 점이 되어 모여 훗날 저자 장은진이라는 선으로 이어 붙여지는 과정이지 않을까?

그리고 자기 계발은 퇴사 전후에도 한결같다. 매일 책을 읽었고, 지자체에서 운영하는 육아 강의와 글쓰기 수업을 듣고, 날씨가 좋은 봄, 여름에는 자전거를 타고 동네 공원에 갔다. 내가 40대가 돼서 처음으로 수영을 시작했다. 여태껏 맥주병으로 살았지만, 수영 강습을 받고 물에서 헤엄치는 기쁨을 느꼈다. 배움에는 늦음이 없다는 말이 사실이었다.

책과 여러 강의는 나를 크게 만드는 성장호르몬이었고, 몸뚱어리를 지탱하는 힘을 운동으로 얻어간다. 이날의 경험을 한 편의 책으로 만들어 훗날 많은 이에게 영감과 공감을 이끄는 그날이 그려졌다.

# SNS에 나를 알리다

나를 아는 이들은 나에 대해 자주 이런 말을 했다. '특이해', '남들과 달라' 등의 말을 줄곧 들었다. 이러한 이야기를 듣는 이유는 내 지난 인생이 순탄하지 않아서일지 모른다. 그런 난 팥 앙꼬가 들어간 붕어빵 무리 안에 속이 노란 커스타드 붕어빵이다.

그래서 퇴사 후에 나에 대한 콘텐츠를 만들어 보고 싶었다. 나의 인생에도 많은 실패가 있었다. 공부가 부족해서, 경험이 없어서, 능력이 안 돼서 이러한 이유로 숱하게 주저앉았지만, 빠른 결단력과 행동력으로 다시 일어설 수 있었다. 지금은 삶의 버팀목이 되어준 남편을 만나 순탄한 인생을 살고 있다. 이런 비주류의 사람도 잘살고 있는데 당신도 할 수 있다는 말하고 싶었는데 내 삶이 한 권의 소설이고, 한 편의 영화이기 때문이다.

세상에 나를 알릴 방법은 뭐가 있을까? 네이버 블로그, 인스타그램, 유튜브만큼 나를 알리기 좋은 SNS는 없는데, 그중에서 나는 네이버 블로그부터 시작했다. 자존감이 떨어진 시절의 나에게 SNS는 독이었지만, 경제력을 갖추니 서서히 나의 목소리를 낼 수 있게 됐고 블로그에 조금씩 글을 써서 올렸다.

블로그는 컴퓨터를 다룰 수 있는 사람이라면 누구나 시작할 수 있다. 바꿔 말해 블로그는 진입 장벽이 낮기에 조리 있는 글이나, 많은 사람의 공감을 끌어내는 글은 그리 많지 않다. 하지만, 요즘같이 문자 책을 잘 읽지 않는 시대에 블로그는 작가가 되기 위한 놀이터다. 나 역시 블로그에 일상 생각을 긁적이다가 글쓰기 수업을 받고 글솜씨가 좋아졌고, 작가의 꿈을 꾸었다. 그런가 하면 네이버 블로그, 브런치, 티스토리에 유려한 글솜씨로 독자에게 많은 호응을 얻어 책을 출판한 작가도 많다.

나 역시 처음부터 블로그를 잘 활용하지 못했다. 블로그를 시작했는데 아들 50일 기념 촬영한 사진을 올리거나, 가족 뮤지컬 후기, 그리고 쇼핑한 상품 리뷰를 쓰는 이른바, '잡블로거'였다. 뭐든지 해보자는 마음이 앞서 블로그 닉네임을 대충 정하고 몇 년간 그대로 유지했는데 나중에서야 나의 블로그의 정체성이 알 수 없게 돼버렸다. 블로그를 시작하고 몇 해가 지나고 블로그 활용 강의를 들었고, '새벽 기상하는 나'라는 의미로 블로그 이름을 '어라이즈'로 바꿨다.

'비포 어라이즈'에는 당시에 관심이 있는 모든 분야의 글을 썼다. 위에서 말한 쇼핑 후기, 육아 이야기 외에 부동산 임장 글과 부동산 뉴스에 내 생각을 덧붙여서 글을 올렸고, 독서하고 중요하다고 느껴지는 부분은 필사했다. '애프터 어라이즈' 자기계발을 하고자 새벽 기상하는 컨셉으로 바꾸고 나서는 미라클모닝을 해야 하는 이유, 새벽 기상 잘하는 방법, 나의 미라클모닝 루틴, 운동 습관 등 예전보다 비교적 체계화된 글을 쓰기 시작했다. 그렇게 글쓰기 훈련을 이어가다보니 점점 글 솜씨가 좋아졌다. 글을 속독하면서 눈에 거슬리는 표현이나, 틀린 맞춤법이 줄어들었다.

블로그를 시작하고 내 삶이 어떻게 변화했는지 몇 가지를 소개한다. 첫 번째, 블로그를 통해 같은 꿈을 꾸는 사람들과 인연이 되었다. 블로그 이웃 중에 나와 결이 잘 맞는 이웃을 알게 간다. 만약 그분이 블로그에서 프로젝트을 운영한다면 내가 참여하지 않을 이유가 없다. 그렇게 나는 생글 작가님의 '북토닥' 독서 모임에 참여했다. 그리고 블로그 글쓰기로 아이 경제 전문가가 된 '아는 이모님', 블로그 콘텐츠 만들기 기획자 '그로시원님', 5권의 책을 낸 '손은경 작가님'까지 네 분을 블로그에서 만났다. 이들과 만나 독서를 즐기게 됐고, 책 출간까지 이어졌으니 우리의 만남은 필연인 셈이다.

블로그를 시작하고 바뀐 점 두 번째, 내가 네이버 블로그 인플루언서에 도전했다. 시작한 계기는 작년에 '그로시원'님이 내 블로그에 도서 리뷰 글이 수십 개가 있어서 좀 더 글을 써서 독서 인플루언서에 도전해 보라고 조언해 줬다. 다시금 멘토의 중요성을 느끼게 했는데 '언감생시 어떻게 내가?'싶다가도 할 수 있다는 용기를 북돋아 주니 '이런 나라도 해볼까?' 하고 생각이 바뀌었다.

네이버는 대한민국에서 넘버 원 포털 사이트이다. 세상이 바뀌어서 대표적인 SNS는 유튜브와 인스타그램이라 하지만, 아직도 많은 사람은 정보성 글은 네이버를 즐겨 찾는다. 대한민국 1위 포털사이트에 인플루언서가 되면 나의 글에 프리미엄 광고와 헤드 광고가 붙으면서 수익이 늘어나고, 새로운 비즈니스를 만들어 낼 수 있다. 네이버 블로그를 하는 사람이라면 알거다. 글에 광고 붙이기 어려운데 광고가 붙는 들, 받는 광고 수익이 약소하다. 그렇기에 인플루언서가 되면 고가의 프리미엄 광고를 노출하면서 수익이 는다. 그리고 인플루언서가 되면 네이버 검색창에 상위 노출이 되기 쉬워진다. 그러면서 나의 글이 알려지면서 외부 강의나 출판 제의가 들어오기도 한다. 실제 적지 않은 수익의 광고 수익과 부수익을 얻는 블로거가 많다.

도전에 앞서 두 달에 걸쳐 나의 블로그를 재정비했다. 벤처 마킹할 만한 도서 인플루언서의 글을 참고로 글의 틀을 만들었고, 내가 두서없이 쓴 지난 도서 리뷰를 정한 틀에 따라 고쳐 썼다. 새롭게 20개의 도서 리뷰를 작성했다. 그리고 2022년 5월에 도서 인플루언서에 첫 도전했다. 첫 도전 후 다음 달에 불합격 통지가 떨어졌다. 부족함이 많은 처음 도전이었기에 당연한 결과였다.

'도서 연관성과 내가 운영하는 채널과 활동성을 판단하기 어렵다'고 했다. 막바지 2주간 쓴 글 20개 중에 10개가 영어 원서를 읽고 리뷰를 썼는데 도서 리뷰라기보다 외국어 학습에 치우친 게 아닐까 한다. 그리고 인플루언서 신청할 때 관련 SNS를 연결하는데 나는 독서와 관련 없는 유튜브 채널을 연결했던 게 오히려 독이 된 것 같다. 이 첫 도전 이후에도 나는 인플루언서 도전을 이어가고 있다. 인천 연수구에서 하는 고전소설 서평 모임에 가입해 책을 읽고 서평을 썼다. 작가, 줄거리, 주제 별로 내 생각을 덧붙이는 작업은 어려우면서도 논리적인 글쓰기와 내 생각이 담긴 글쓰기 연습에 도움이 됐다.

블로그를 시작하고 바뀐 점 세 번째, 블로그로 시작한 나의 SNS 활동은 유튜브로 이어졌다. 유튜브를 시작한 계기는 나의 블로그 이웃들이 유튜브를 하고 있어서였는데, 자신의 블로그 글에 유튜브 링크를 달아서 유튜브 유입은 물론 채널 홍보도 하고 있었다. 이거야말로 꿩 먹고 알 먹기 아닌가. 블로그와 유튜브를 함께 운영하면서 나를 홍보할 수 있는 좋은 찬스여서 나도 유튜브를 시작했다.

그렇게 시작한 채널이 '서준맘티비'다. 구독자 수에 연연하지 않겠다는 생각으로, 코로나 유행으로 손주를 자주 만나지 못하는 양가 조부모님과 친지를 대상으로 채널을 시작했다. 핸드폰으로 영상을 찍고 핸드폰 앱에서 영상을 편집해서 업로드하니 채널 운영이 간편했다.

유튜브를 시작하고 얼마 지나지 않아 서준이네 어린이집에서 '김밥을 만들기 영상 공모전'이 열렸다. 아들과 김밥을 싸고, 같이 먹는 영상을 찍었고, 편집해서 어린이집에 보냈다. 크게 어렵지 않은 작업이었지만, 서준이의 김밥 만들기 동영상은 어린이집 학부모들 사이에서 폭발적인 반응이었다. 곁다리로 영상 편집 기술을 배워놓으니 어떻게든 도움이 되더라. 그리고 이 영상 공모전에서 서준이의 김밥 만들기 영상이 1등을 수상했다.

서준맘티비의 인기 동영상은 '덕평공룡수목원 파헤치기'와 '뚝딱!뚝딱! 공룡대장 티라노사우루스(화석 발굴 체험)'로 이 두 영상이 비교적 많은 조회 수를 기록 중이다. 대부분의 영상이 업로드한지 1년 넘게 조회수 100건을 넘지 않은 영상도 있으니 그에 비해 수목원과 화석 발굴 체험 영상은 내게 큰 성과다. 서준이가 공룡을 좋아해서 나도 아이도 공룡 콘텐츠를 찍을 때 즐겁다. 아이와 함께 공룡 책을 읽어주면서 익힌 덕도 있는 듯 하다. 생각지 않은 성과에 유튜브 채널 운영에 열의를 가지게 됐다.

현재 나는 '서준맘티비'와 다른 채널 하나를 더 운영 중이다. 채널 명은 '퇴사하고 뭐 하니?'로 전자는 나의 가족이야기라면, 후자는 온전히 나의 이야기를 담았다. 서브 채널은 2021년 10월에 오픈했고, 나의 퇴사 동영상과 일을 찾아가는 이야기를 담았다.

블로그와 유튜브와 같은 SNS 활동은 누가 시키지 않고 내가 스스로 한 일이었다. 전 회사에서는 그저 감정 없이 시키는 일만 하는 AI 노동자였고, 회사 밖의 나는 재테크를 하고 SNS에서 나를 표현하는 진취적인 삶을 살았다. 나는 네이버 블로거 '어라이즈'였고, '퇴사하고 뭐 하니'를 운영하는 유튜버이다.

내가 좋아서 한 결혼, 원해서 출산했지만, 아내는 점점 색깔을 잃어 간다. 남편과 아이가 좋아하는 음식, 좋아하는 장소에 이끌려 다니다 보면, 내가 뭘 좋아하는지, 무엇에 관심이 있는지 잊어버린다. 그래서 가족을 이루는 아내야말로 블로그든 유튜브를 시작해서 잃어버린 나를 찾아갈 수 있다. '가족', '우리' 안에 스스로를 잠식하기 전에 블로그를 활용해서 나를 뜨겁게 만드는 뭔가를 찾을 수 있다.이렇게 시작한 일들이 차츰 나의 자존감을 높였고, 이제껏 살아보지 못한 40대를 맞이할 것이라는 기대감이 솟아났다.

# 칠전팔기 전자책 쓰기

블로그를 하다 보니 점점 내 이름의 책을 내고 싶어졌고, 2020년에 전자책 쓰기에 도전했다. 블로그 이웃 홍유진 님이 진행하는 '2주 만에 전자책 쓰기'프로젝트에 참여로 블로그 글쓰기에서 한 발짝 나아간 시도였다.

"안녕하세요. 홍유진 님. 올해 안에 자녀에게 쓰는 글로 전자책을 쓰고 싶습니다."

전자책 쓰기 기간은 2주, A4용지 20페이지만 채우면 재능기부 사이트에 전자책을 올릴 수 있기에 시작했다. 300페이지 책 한 권 쓰기 어려워도 A4 20페이지라면 어떻게든 채울 수 있을 것 같아서였다. 전자책 쓰기의 멘토가 카카오톡 오픈채팅방 링크를 보냈고, 그곳에서 매일 분량에 맞춰 글을 쓰고, 첨삭을 받는 방식이었다.

재능기부 사이트에 올리는 전자책은 어떤 건지 알지 못한 난 '엄마와 아들의 Q&A' 컨셉으로 글을 쓰려 했지만, 작가의 노하우를 써야 독자가 구매한다는 걸 나중에서야 알았다. 그리고 부동산 재테크로 아파트를 두 채를 샀기에 당시의 경험을 살려 『야금야금 재테크』로 타이틀을 정했다. 주말까지 이어진 2주간의 글쓰기는 21페이지의 분량을 채웠기에 내용은 둘째 치고 중간에 포기하지 않고 다 썼기에 스스로가 대견했고, 전 회사에서 느끼지 못한 성취감마저 느꼈다.

내가 전자책을 모르고 시작한 게 문제였을까? 원고를 다 쓰니 또 문제가 생겼다. 재능기부 플랫폼 사이트에 작가의 경력 사항에 소속 중인 회사를 밝혀야 했는데 전 회사의 겸직금지 조항이 걸렸던 것이다. 한참을 고민하고 전 회사의 인사담당자에게 상의했고, 곧이어 인사 팀장이 나의 전자책 출간에 대해 부정적인 피드백을 줬다. 더군다나 당시의 나는 인사이동을 앞두고 있었기에 전자책으로 인사 불이익까지 받을 수 있던 상황이었다. 그리하여 『야금야금 재테크』를 세상에 내놓지 못했고, 엎친 데 덮친 격으로 원고를 담아둔 노트 피씨가 고장 나면서 원고의 일부만 남아 있다.

나의 첫 전자책의 실패가 여운이 컸는지 이듬해 마이힐라 님과 전자책 쓰기에 재도전했다. 마이힐라님은 사계절을 테마로 블로그 이웃과 공저로 전자책을 썼는데, 나는 가을 편에 함께했다. 두 번째 전자책은 마이힐라님이 글 주제를 정해서 알려주면 그날에 맞춰서 각자의 블로그에 글을 썼다. 하나의 주제에 15명의 작가가 제각기 다른 시선으로 글을 이어갔는데 그 생각이 아름다웠다. 함께 글을 쓴 담미님, 인생초보김선생님, 제모아님을 비롯한 총 15명의 글 벗과 함께 서로 응원하며 글을 이어갔다.

두 번째 전자책은 의식을 따라 가보니 내가 잊고 있었던 어린 시절을 떠올렸다. 가을의 추억을 떠올리다보니 엄마를 모시고 설악산에 간 날이 떠올랐다. 정상을 찍은 성취감과 함께 온몸에는 근육통이 생겼는데 진도 6의 지진처럼 온몸이 후들거렸다. 그때 엄마는 무척이나 행복해했는데 그런 표정의 엄마를 오랫동안 볼 수 없었다. 내가 그때 엄마를 모시고 설악산에 가지 않았다면 난 평생 후회할거다. 몇 년 후, 엄마는 유방암에 걸렸고 지금까지도 요양 중이다. 이렇듯 글을 통해 그날의 소중한 추억이 떠올랐고, 신발장에서 설악산을 오른 등산화를 꺼내 그 날을 그리워했다. 글을 쓰면서 잊고 있었던 기억을 떠올렸고 가혹한 현실에 따스한 입김을 불어 위로했다.

가을편 전자책 쓰기를 통해 『야금야금 재테크』를 세상에 공개하지 못했던 응어리가 풀어졌던 걸까? 가을 편 글쓰기의 여운이 강했던 탓이었는지 전자책 쓰기 도전은 마이힐라님의 가을 편에 이어 겨울 편까지 이어갔다.

2020년부터 2021년까지 이어진 전자책 쓰기는 잊었던 나를 알아가는데 도움이 됐다. 이렇게 할 이야기가 많고, 쓸 소재가 많은데 내가 마냥 회사에 머물러 있을 수 없었다. 앞으로는 나를 알리는 일을 하자. 처음부

터 잘 되는 사람이 어디 있겠냐마는 나의 장단에 그 누군가가 어깨춤을

쳐준다면 멈추지 않고 장구를 두드리겠다.

# 기적의 아침, 미라클모닝

성공에는 요령이 필요하다고 한다. 그저 노력하기만 했던 내 지난날, 회사 인사평가서에 '열정은 있지만, 더 큰 노력이 필요함'이라고 평가를 곧잘 받았다. 이런 나의 꼬리표가 무척이나 거슬렸는지 요령껏 노력하고 자 2022년 새해부터 새벽 기상을 시작했다.

새벽 기상을 시작한 이유는 단 한 가지였다. 나의 시간을 효율적으로 쓰기 위해서였다. 2021년 말 대대적인 코로나 유행으로 서준이가 다니던

유치원에 감염자가 생겨서 아이를 가정 보육했다. 아이를 데리고 있으면 내 일을 하기 여간 어려운 일이 아니다. 더욱이 어린아이를 둔 부모들이라면 내 아이의 육아가 '우선순위'일 수밖에 없다. 그렇기에 아이와 있는 시간에는 아이에게만 집중하고, 아이가 잠든 시간에 내 일을 하면 된다 하지만, 말처럼 쉽지 않다. 그렇다면 방법은 단 하나, 내 시간을 가지기 위해 새벽 기상할 수밖에 없었다.

난 예전에도 새벽 기상을 했었다, 때는 바야흐로 2018년, 김유진 작가님의 『나의 아침은 4시 30분에 시작한다』라는 책을 읽고 열흘간 새벽에 기상했는데, 2주를 채우지 못하고 예전처럼 잠만이라도 많이 자자며 이부자리에서 벗어날 수 없었다. 나의 생활 습관을 바꾸기 전에 일찍이 포기했다.

내게 새벽 기상은 항상 어려웠다. 저혈압이라 그런지 유독 아침잠이 많던 나는 매일 오전 7시에 일어나서 부랴부랴 준비해서 출근하는 기존 습관이 익숙해져 있어서 새벽 5시에 일어나기 어려웠다. 그런데 2022년 1월 1일에 시작한 새벽 기상은 쾌조의 출발을 시작해 다음 날에도 새벽 5

시 알람 소리에 저절로 눈이 떠졌고, 2주가 지나고 나니 오전 5시의 알람 소리가 들리기 전에 저절로 기상했다. 내 나이 마흔하나에 겪는 신세계였다.

몇 년 전과 달리 새벽 기상이 쉬워진 이유는 간절함이 더해진 게 아닐까? '재직 중'에서 '무직'이라는 상황이 변하면서 타고난 '게으름'을 탈피한 듯, 목마른 자가 우물을 찾듯이 나를 변화하고자 한 간절함이 새벽잠이 줄었다.

아이를 둔 부모라면 누구나 고민할 것이다. 내 시간을 갖겠다고 굳이 아침잠을 줄일 필요가 있을까 하고 말이다. 그러나 많은 사람은 잠을 줄여서 자기계발을 실천한다. 내가 미라클모닝을 이어가던 어느 날, 영어 시험공부를 위해 새벽 기상을 도전하는 20대 초반의 젊은 여성분을 만났다. 젊음이 열정까지 더한 그녀의 모습이 빛나보였다. 새벽 기상은 우리의 마음먹기에 따르지 않을까? 나의 시간이 없어 안타까워하기보다 해결방법을 찾아가는 게 쉽다. 즉, 시간이 없다면 만들면 어떨까. 잠자는 시간을 조금 줄여서 그 시간을 나를 위해서 쓰면 풍요로움으로 가득 찬

하루를 만끽 할 수 있다.

새벽 기상으로 나는 무엇이 달라졌을까? 새벽 기상을 시작하기 전의
난 시간이 없어서 어학 공부와 독서와 같은 자기 계발은 매번 뒷전이었
다. 그러고는 해야 하는 일을 미루고 똥 마려운 강아지처럼 안절부절하
지 못했다. 온전히 아이와 함께하는 시간에 마음은 콩밭에 밭을 매고 있
어서 서준이와 온전히 그 시간을 보내기 힘들었고, 얼룩진 감정은 아이
에게 전가하고 말았다. 그러던 내가 새벽 기상으로 서준이와 공부할 때
는 온전히 아이와 공부만 집중하고. 아이와 놀 때는 딴짓하지 않고 즐겁
게 놀았다. 왜냐하면 내가 새벽에 일어나서 생긴 나의 시간에는 블로그
에 글을 쓰거나, 영상을 편집해서 유튜브에 올렸고, 독서했다. 나의 기상
시간이 달라진 것만으로 나의 삶은 충만해졌다. 온전히 나에게 집중할
수 있는 새벽에 깨서 내 일에 집중한 것만으로 막막한 퇴사가 밝은 빛으
로 가득 찼다. 이 책을 쓰고 있는 지금도 자주 새벽 기상한다. 내가 미라
클모닝을 시작하고 더 이상 시간이 없어서 못 했다는 변명을 할 수 없게
됐다.

1월 초에 시작한 미라클모닝은 주 5회 글쓰기와 영상 하나 업로드를 목표했는데 그 성과는 놀라웠다. 2주 동안 무려 22개의 블로그 글을 썼고, 3개의 동영상을 올렸다. 나의 생산성까지 향상됐다. 다른 삶에 대한 간절함에 새벽 기상이라는 MSG를 더해지니 콘텐츠 생산량이 증가했다.

미라클모닝의 성공 팁은 '강제 스케줄 설정'이다. 새벽 운동이라든지, 새벽 강좌 수강하고 억지로 기상하는 방법이다. 자기 계발에 무료 수업은 추천하지 않는다. 목표를 성취해 가려면 얼마의 돈이라도 꼭 내야 돈이 아까워서라도 새벽에 일어날 수 있다. 그리고 새벽에 일어나는 날은 가족들의 수면을 방해할 수 있으므로 가급적 혼자 자는 걸 추천한다. 몸이 피곤하면 알람이 몇 개 울려도 바로 일어나기 힘들 수 있는데 이럴 때 남편이 나 대신 일어나서 내 핸드폰 알람을 꺼줬지만, 다시 잠을 이루지 못했다고 한다.

2022년 2월, 미라클모닝은 내게 프로젝트 리더의 기회를 줬다. 나에게 대한 자신감과 성공적인 시간 관리를 이어가던 때 나의 블로그에 매일 미라클모닝 인증 글을 올렸는데 그 글을 본 이웃 블로거인 '예비작가 명'

님이 함께 도전해 보고 싶다고 댓글을 남겼다. 이후난 그녀를 '명 선배님'이라고 불렀다. 명 선배님은 캐나다에 살아서 시차 때문에 나와 같은 시간에 미라클모닝을 할 수 없었다. 그런데도 캐나다 현지 시각으로 새벽에 기상하고 인증하겠다고 할 정도로 참여 의지를 보여줬다. 그렇게까지 명 선배님이 나와 새벽 기상을 하겠다고 한 이유는 같은 한국인에게서 뿜어져 나오는 열정에 외국에서 사는 본인에게까지 긍정적인 자극을 받기 때문이라고 했다. 결국 명 선배님의 응원으로 나는 새벽 기상 프로젝트를 만들었다. 나의 새벽 기상의 성공 경험을 나의 프로젝트에 참여한 분들에게 알려주기 위해, '프리 모닝'을 시작했다.

프리모닝은 내가 시작한 프로젝트 이름으로 내가 인상 깊게 본 책,『프리워커스』에서 따왔다. 내가 원하는 일, 그리고 그토록 원하는 내가 되기 위해서라는 의미이다. 많은 모임은 공동의 액션을 정해서 하나의 골에 도달하도록 하지만, 새벽 기상을 한 후에 각자 알아서 새벽 시간을 보내게 했다. 사람이 각자 다르듯이 서로 하는 도전 또한 같을 수 없기 때문이다. 코로나 상황에 맞춰 외부와의 접촉을 꺼렸던 우리들은 새벽에 기상해서 줌 회의에서 만나 조금씩 그 경계를 풀어갔다.

10여 년간 경제 활동을 했지만 나는 오로지 팀원이었지 리더는 해 보지 못했다. 주체적인 일을 갈망해 온 나였지만, 주는 먹이에 길들어 있어서 프로젝트 리더로서 이 모임이 어색하고 불안해져 갔다. 줌에서 첫 만남을 가졌을 때 대사를 따로 작성해서 읽는 것처럼 보이지 않도록 여러 번 연습했으니 말이다. 처음만 긴장됐지 몇 번의 만남이 이후 편해졌다. '자리가 사람을 만든다'고 하지 않았던가. 그 말처럼 나의 프로젝트에 어깨춤이 더해져 이어 갔다.

나의 프로젝트에 5명이 신청했다. 참여한 사람 모두가 블로그 이웃이 스크랩해 간 내 글을 보고 신청했고, 익명의 인터넷 공간에서 만나 서로 얼굴도 실명도 모른 채 네이버 블로그 아이디로 모였다. 가족이 아니고서는 새벽 기상에 기상해서 맨 얼굴을 보여주기 영 부끄러운 상황. 첫 만남만 쑥스러웠지만 점차 참여자분들의 잠옷이 익숙해졌고, 우리의 새벽 기상은 14일 내내 이어졌다.

나의 모임 취지처럼 참여자분들의 새벽 시간 활용은 달랐다. 나는 새벽 기상 글을 블로그에 올리고, 유튜브 영상을 편집했다. '얼스바바라님'

은 환경 문제에 관심이 많은 관련 신문 기사를 발췌해 블로그에 포스팅했다. '복마루님'은 아이들이 깨지 않는 시간에 실내자전거를 탔고, '링링이당님'은 감사 일기를 썼으며, '모노님'은 영어 원서를 읽었다. 캐나다에 있는 '명 선배님'은 그때가 근무 시간이라 우린 잠시 인사를 나눴고, 명 선배님이 새벽에 일어나서 뭘 했는지 물었다. 새벽에 일어났지만 각자 하는 일은 달랐고, 시차가 다른 캐나다에 참가자도 있었으니 어찌 보면 참 이상한 모임이었다.

프리 모닝 운영을 통해 내가 얻은 건 인간관계 고립에서 벗어났다는 것이다. 코로나는 우리를 외부와 격리시킨 채 생활을 이어가게 했지만 오랫동안 나는 사람의 온기가 그리웠다. 그러한 외로움을 새벽 기상 프로젝트를 통해 사람들과 소통한 것만으로도 나아졌다. 사람에게 받은 상처는 사람으로 치유 받듯이 참여자분들에게서 위로를 받고, 다른 도전을 할 수 있게끔 2배의 용기를 얻어갔다.

이러한 감사한 기분을 표현하면 어떨까? 작은 감사의 마음을 담아 참여자분들에게 편지를 썼다. 편지에는 참여자분들이 포스팅한 글을 덧붙였고 그 글에 대한 나의 소감도 적었다. 나를 위한 글이기도 했지만, 타인과 소통하기 위해서이기에 이러한 행동은 참여자분들의 호응을 이끌었다. 타인에게 무관심한 사회에 나의 일상과 나의 글에 적극적으로 소통하니 모임의 참여율이 높아질 수밖에. 힘든 새벽기상이지만, 나를 관심 있어 하는 많은 사람들과 함께하니 새벽 기상이 수월해졌다.

프로젝트 운영을 하며 '프로젝트 리더'이면서 '조언자'였다. 미라클모닝이 유행처럼 번져갔지만, 각자의 생활 리듬상 새벽 기상이 어려운 사람이 있고, 새벽보다는 밤에 더 집중이 잘되는 사람도 있다. 나는 새벽 기상 모임을 도전하고 있지만, 어린 자녀를 뒀거나, 새벽에 집중할 수 없는 분들에게 밤을 활용할 수 있도록 조언했다. 우리의 궁극적인 모임의 취지는 '나의 시간 활용'이지 않겠는가? 그렇기에 이런 분들은 각자의 미션을 하고 나서 밤에 한 일들에 대해 도전자들에게 공유했다. 각자의 다양성을 인정하고 응원해 주는 게 프리 모닝의 취지에도 맞았다.

만약 당신이 블로그에 글을 쓰고, 여러 블로그 모임에 참여해 봤다면 당신의 재능을 살릴만한 프로젝트 운영을 추천한다. 독서 모임, 다이어트 모임이나 영어 공부에 관심이 많은 분이라면 영어 원서책 읽기 같은 프로젝트 리더를 도전해볼 만하다. 프로젝트에 참여하는 참가자들에게 소정의 참가비를 받을 수 있으니 안 할 이유가 없다. 프로젝트 운영을 해봄으로써 새로운 경험으로 여러 가능성을 발견해 볼 수 있지 않을까? 여러분 인생의 새로운 도전을 추천한다.

# 죽지 않으려고 운동하다

꽃 같은 나이 사십 대, 난 내 나이가 좋다. 인생의 반절을 살아서 어느 정도의 연륜을 가졌지만, 아직 젊기에 뭔가를 시작하기 딱 좋을 나이다. 사십여 년을 살아왔기에 내가 뭘 좋아하는지 알고 있고, 내가 좋아하는 일을 즐겁게 한다면 다른 방식의 경제 활동으로 이어지기 마련이다. 마흔이라는 연륜에 열정까지 유지하면 금상첨화. 열정을 유지하려면 건강 관리는 필수다. 사십 대 아줌마는 아직 쌩쌩하다.

인천 송도로 이사하고 본격적인 내 일 찾기를 나섰는데 전국적인 코로나 유행으로 외출이 쉽지 않은 데에다, 2022년 2월에 코로나에 걸려서 끙끙 앓았다. 깨질 것 같은 두통에 잦은 기침으로 2주간 꼼짝없이 집에서 누워 있었다. 이후 2주가 또 지나도 몸이 채 회복하지 않았는지 '어영차' 함성을 내고 일어나니 입 사이로 '끙'하고 앓는 소리가 새어나왔다. 코로나가 몸을 갉아먹었다.

40년 살면서 이런 역병은 처음이다. 코로나가 나았다고 해도 몸이 완전히 회복되지 않았다. 코로나 후유증으로 몇 달간은 잔기침이 끊이지 않은 데다가, 몸을 회복하려고 쉬었더니 체중이 점점 불었고, 컨디션마저 꽝이었다. 이러한 악순환을 거듭하면 육아며, 콘텐츠 만들기는 점점 뒷전이었다.

내가 이러고 살다가 죽겠다 싶어서 운동을 시작하려고 집주변 상가를 서성였다. 그러다가 복싱장을 발견했는데, 나이는 숫자일 뿐이라고 자신하던 나라도 쉽게 체육관 문을 열고 들어가기 어려웠다. 문 너머의 관장님, 코치님, 그리고 배우러 온 수강생들조차 다 나보다 어려 보였기 때문이다. 내가 도전을 멈추는 그 순간부터 나이를 먹는 거라는 어느 문구가 떠올라서, 불안감은 이내 용기로 변화해서 체육관에 들어섰다.

"안녕하세요. 복싱을 배우고 싶어요."

준비 없이 무작정 찾아간 탓에 나의 운동복 구석구석에는 전날에 묻은 기름때와 양치한 흔적이 흥건했다. 오랫동안 몸매 관리를 소홀했기에 나의 옆구리는 엠보싱처럼 울퉁불퉁해져 있었는데 그때 나의 첫인상을 코치님이 이미 잊었겠지? 막 회원 등록하고 뭣 모르고 코치님만 졸졸 쫓아다니다 코치님이 TV 화면에 나오는 스트레칭 동작을 따라 하라고 했다. 티브이 화면에 나오는 날씬한 서양 언니를 따라 스트레칭을 해도 코로나로 상한 몸은 아직도 찌뿌듯했다.

스트레칭이 끝나자 줄넘기를 2분씩 3번씩 하라고 했는데 여기서 큰 사고를 맞이했다. 엉겁결에 줄넘기 줄을 잡고 뛰기 시작했는데 오줌이 새고 말았다. 채 1분도 다 뛰지 못했는데 속옷부터 집에서 입다온 바지가 젖어버렸고 '부디 츄리링 안감이 방수 코팅이 되어 있길' 기도한들 이미 상황 수습이 불가능해졌다. 누가 볼 새라 다급하게 복싱 체육관을 뛰쳐나왔고 나의 첫 번째 복싱 수업은 불명예로 남았다.

20대 때 내가 호텔에서 일할 때 고생한 절박요실금은 이미 나았지만, 서준이를 자연 분만하고 밑이 너덜너덜해지면서 요실금이 재발했다. 그런데 체중마저 느니깐, 나의 육중한 몸을 지탱하던 골반 근육이 약해졌거나 방광이 예민해져서 불상사가 생겼다. 내 골반 근육과 방광을 탓한들 뭐하랴. 몸 관리에 소홀히 한 내 잘못이기에 이제부터라도 운동을 열심히 해서 체중을 줄여야 했다. 더욱이 이미 복싱장을 한 달을 등록했기에 전액 환불받기 어렵고, 어떻게든 남은 횟수를 무사히 다닐 묘안을 떠올릴 수밖에 없었다.

내가 찾아낸 묘안은 '요실금 팬티'와 '면 소재 패드'이었다. 이 두 아이템을 장착하면 아기들 기저귀를 채워놓은 듯 사타구니와 엉덩이 사이가 펑퍼짐해지고 그다지 사랑스럽지 않은 호박 바지를 입은 듯 보인다. 그래도 바지 사이로 폭풍 눈물을 흘리는 것보다 백 배 나았다. 방파제를 안전하게 막는 게 우선 시급했기에 두 아이템을 장착하고 복싱장을 슬그머니 들어갔다. 결과는 '꽤 만족'스러웠다. 그래도 몸 상태에 따라서 방파제를 넘치는 한 날에는 최후의 선택으로 바지만 입고 운동을 끝내기도 했다. 이래서 불혹의 나이가 좋다는 거다. 살면서 산전수전을 겪어봤으니 쉽게 좌절하지 않는다.

이른바 '방파제 수위 조절'이 해결되니 또 다른 문제가 생겼다. 뒤꿈치를 들고 줄넘기하다가, 끊임없이 뒷발을 드는 복싱 기본자세를 이어가다 보니 안 쓰던 종아리 알이 배어서 몇 주간 걷기만 하면 쉿소리가 새어 나왔다. 두 번의 복싱 레슨 후에 테니스공만 한 알이 두 종아리에 딱하니 생기더니 두 다리를 가지런히 모아서 걸을 수 없을 정도였다. 이런 모습에 남편과 아들이 웃긴다며 나의 엉거주춤 걷는 모습을 따라 했다.

내 주변은 다른 운동을 바꿔보라고 조언했지만, 나는 이미 복싱의 매력에 빠진 후라서 나의 선택을 바꿀 수 없었다. 내 몸은 하체가 발달한 체형이었기에 상체 근육을 키우기에는 이만한 운동이 없기 때문이었다. 운동의 효과는 점점 드러났다. 겨드랑이에 팔랑팔랑 날갯짓하던 엔젤 윙에 점점 근육이 붙더니 복싱을 시작하고 몇 개월이 지나자, 무릎을 대지 않고 팔굽혀펴기를 할 수 있었다. 두 팔로 육중한 몸뚱어리를 지탱할 수 있게 되다니! 나는 태어나서 처음 겪는 경이로운 순간이었기에, 곧이어 복싱장에 6개월 치의 수강료를 추가 결제하고 말았다.

남녀노소 할 것 없이 모두 운동해야 한다. 나는 복싱이 맞았지만, 그게 아니라도 필라테스, 요가, 수영 어느 것도 좋다. 특히 나이가 들면 몸의 근육이 빠져서 엄마들이 몸에 힘이 빠지고 기운이 없어진다. 그래서 근력운동은 필수다. 운동하기 어렵다면 집에 있는 500밀리 페트병에 물을 채워서 팔 근육을 발달하는 동작을 시작하자. 페트병을 양손에 잡고 복싱하듯 주먹을 허공에 휘저어도 좋다. 평소에 하지 않은 동작이 운동이다.

여성의 몸은 신비롭다. 근력운동을 한다고 해도 남성만큼 큰 근육이 붙지 않는다. 도토리만 한 작은 근육들이 나의 상체를 지탱해 주는 어깨와 등이 생겨나서 예전보다 자세가 좋아졌다. 상체 근육이 생겨나면서 오랫동안 앓아온 척추측만증이 많이 좋아져서 등과 허리 통증이 많이 나아졌다.

그리고 주기적인 운동을 시작하면서 생활에 활력이 생겨났다. 매일 활기차게 살아갈 수 있을 만큼의 힘을 만들어 낸다. 그래서 집안일도, 육아도, SNS 활동 같은 내 일을 해 가는데 몸에 무리 없이 해나갈 수 있었다. 그렇기에 거동이 불편해지는 날까지 꾸준히 몸을 움직이고 싶다. 운동만큼 나의 몸과 마음을 건강하게 해주는 게 없기에 말이다.

# 제2의 김은희, 장항준 부부를 꿈꾸며

나는 내 일을 그만두려고 일을 그만뒀지만, 남편은 계속 일을 나간다.

남편이 일을 그만둘 정도의 경제적 여건은 아직 못 만들어서 우리 가족

은 남편 홀벌이로 생활한다. 우리 세 가족은 살면서 전보다 늘어난 생활

비가 쥐구멍에서 새어 나간다. 학령기에 접어든 아이를 키우다 보니 교

육비가 늘어난 탓이다. 2022년 초중고 학생 사교육비 조사에 따르면 전

체 학생 1인당 월평균 사교육비는 41만 원이 든다고 하는데, 전체 사교육

비 평균에 비교해 서준이는 사교육을 덜 쓰지만, 아이의 학년이 높아지

면 들어가는 교육비는 미들급을 넘어 헤비급으로 체급을 높여갈 것이다.

　내가 전 회사에 다니며 불면증과 전신 두드러기에 시달렸다면 남편도 이유 모를 가슴 통증과 신경쇠약에 고생한다. 나만 하기 싫은 노동에서 벗어나서 선택한 일을 향해 훨훨 날고 있어 남편에게 미안하면서도 고마워서 대기업 입사보다 하기 더 어렵다는 프리랜서 일을 자청한다. 그래서 생활형 작가다.

　내가 자리를 잡을 때까지 남편이 좀 더 힘써 주기로 했다. 그리고 기한은 2년, 그에게 '2년 안에 셔터맨을 시켜주겠다'며 내뱉었다. 내 반쪽의 반응은 십중팔구 믿지 않는 투로 대하지만, 이따금 복권 가게에서 당첨될 복권을 사는 마음으로 나의 일이 남편의 은퇴를 이뤄줄지 모른다며 기대하기도 한다. 앞날은 아무도 모르지 아니한가. 부부의 절실함이 SES의 〈Dreams come true〉의 한 대목을 현실로 이뤄줄지. 반쪽에게 다시금 고마운 이유는 회사 일로 바쁜 와중에도 맞벌이 때처럼 집안일, 육아에 적극적으로 동참한다. 그럴 때면 남편과의 결혼이 내 인생의 큰 전환의 선택임을 깨닫는다.

"여보, 내가 결혼은 끝내주게 잘한 것 같아."

"왜? 나 모르게 사고 쳤나? 얼마나 필요해?"

어느 2022년 여름, 밖의 뜨거운 바람을 피해 에어컨을 틀고 잠시 쉬고 있던 그때, 나의 느닷없는 칭찬일색에 남편은 좌불안석한 듯. 내가 하겠다는 일은 안 하고, 어디서 사고 쳐서 합의금을 내야 하는 상황이 아닌가 하는 표정을 지으며 나를 추궁했다. 사고도 그릇이 큰 사람이 사고치지 않나? 하고 난 서준이와 같이 남편에게 달려들었다. 까르르 서준이의 웃음소리가 거실을 채우니, 지금 느끼는 행복이 내가 오랫동안 원하던 삶임을 깨닫는다.

살아온 지난날을 떠올려 보니 어제보다 오늘이 한결 살 만해졌다. 그렇다고 다가오는 내일과 내년이 더 어려워질 리 없다. 그래서 더 큰 포부를 가져보려고 한다. 아내도 한 가정의 가장이기에 남편에게 미래의 로또 복권이 되어 보면 어떨까? 허풍스럽게 내지르다 보면 말이 힘이 실려 꿈이 현실로 이뤄지지 않을까? 김이나 작사가, 유튜브 전 신사임당 운영자인 주언규, 아니면 다가올 마켓컬리의 CEO인 김슬아 대표를 나라

욕심 많은 아내가 더 행복하게 사는 법

고 못 할까? 여러 유명인을 떠올리다가 김은희 작가와 장항준 작가 부부가 떠올랐다. 우리 부부의 미래 모습은 김은희, 장항준 작가가 딱 맞아! 유쾌하고 즐거운 장항준 작가의 뒷배가 아내인 김은희 작가가 아니던가. 나 역시 그녀의 수많은 드라마를 애청했다. 가슴을 졸이며 봤던 〈시그널〉과 조선판 좀비 드라마인 〈킹덤〉, 이 두 작품의 새로운 시리즈가 나오면 두 팔 벌려 정주행할 것이다. 이토록 유명한 김은희 작가가 작품 활동으로 2010년부터 현재까지 93억 원의 수입을 거뒀다한다. 내가 만든 지적재산권으로 우리 가족을 호의호식하게 하고, 낭군님의 어깨를 한결 가볍게 내려놓게 하면 어떨까 떠올리니 입가에 미소가 스며든다.

"여보, 내가 결혼할 때 당신 행복하게 해준다고 했지? 당신이 장항준 작가하고, 내가 김은희 작가하자. 곧 Dreams come true 시켜줄게."

나는 꿈꾼다. 나의 여러 파이프라인이 언젠가 다가올 남편이 회사를 떠나야 할 때 훌훌 털고 나올 수 있는 여유를 만드는 날이 오기를. 나의 지금 날갯짓이 오늘보다 좀 더 나은 삶을 살게 할 거라고 믿는다.

# 5장

## 소림사 스님 뺨치는
## 육아 고수의 등장
## - 육아스킬 있는 아내

자식 농사가 가장 어렵다더니

느린 아이라도 괜찮아

엄마 아빠표 공부

모자의 스트레스 해소법

일과 육아 밸런스

# 자식 농사가 가장 어렵다더니

내 속에서 열 달 키워 낳은 하나뿐인 내 아들 서준. 막 태어나서 젖살이 올라 삼중 턱이 되더니, 백일이 되던 날부터 세상에서 가장 환한 웃음을 지어주었고, 매일 밤 아들은 나를 안고서는 사랑한다고 속삭여 줄 만큼 둘도 없이 사랑스러운 아이다.

내 아이의 빛나는 미래를 그리는 경험은 아이 둔 부모라면 공감할 터, 나 역시 티 없이 맑은 미소를 지어주는 내 아이가 장차 SKY 중에 한 대학교에 입학하는 날을 꿈꾸었다. 이렇게 사랑스러운 아이가 앞날에 못할 게 뭐가 있겠냐 싶으면서 아들을 의사, 변호사라도 될 성 싶었다. 그런데 아이 머리는 엄마를 닮는다던데, 내가 학창 시절에 공부를 못했는데 설마 아들 머리는 날 안 닮았겠지? 생각하니 갑자기 간담이 서늘해졌다. 나와 달리 남편은 공부 머리가 있기에 제발 서준이는 아빠를 닮길 기도했다. 학벌주의 세상에 살아가는 우리로서는 아이가 공부를 잘하길 바라는 건 어쩔 수 없다.

나의 아이가 공부를 잘할지 아닐지 파악하기까지 그리 긴 시간이 걸리지 않았다. 초등학교를 입학한 어느 날, 아이의 책가방 안에 있는 교과서를 꺼내 들었다. 책 표지에는 서준이가 한참 빠져 있던 캐릭터 그림이 있었고, 책 속 안에도 낙서의 흔적이 자욱했다.

당황스럽게도 교과서 페이지를 넘길 때마다 낙서가 움직이게 그림을 그려 놨다. 남의 아이였다면 창의적인 아이라고 칭찬했을 터, 그러나 그아이가 내 아이라며 낙담할 수밖에 없었다. 아이의 낙서를 보고서 교과서에는 절대 낙서하면 안 된다고 일러줬더니 낙서하지 못한다는 압박감 때문이었을까. 교과서가 도화지처럼 새하얬는데 그 이유가 수업 시간 내내 잤다고 한다.

　서준이는 남편의 외향을 쏙 닮았지만, 아들의 학습 능력만큼은 나를 쏙 빼닮았다. 나 역시 공부의 필요성을 느끼지 못하고 수업 시간 동안 머릿속 펼쳐진 공상 세상에 빠졌었다. 대학수능시험을 준비하던 고3 때도 판타지 세상에 젖어 미세먼지 가득한 서울의 하늘을 드래곤이 날갯짓하는 모습을 상상했고, 나의 상상의 세계를 만화책으로 만들었는데 늦게나마 미술을 배워서 만화가가 되고 싶었지만, 집안 사정이 어려워서 미술학원은 다니지 못하고 기술을 배워 생업에 뛰어들 수밖에 없었다.

　내가 내 아이 키우기 힘들다고 느낀 이유는 나도 창의적인 아이였지만 보통의 아이로 커왔기 때문이다. 창의적이었던 난 어려운 가정 사정으로 미술 공부를 제대로 받아보지 못한 채 하향평준화 되어버렸고, 이런 내가 서준이 같은 창의적인 아이를 잘 키울 수 있을까?

　만약 내가 어릴 때 미술을 배웠고, 지금과 다른 삶을 살았다면 나와 같은 아이를 키우기 수월했을지도 모른다. 그렇기에 서준이의 장점을 채 살리지 못하고 나처럼 크게 하는 건 아닐지 불안해졌다. 어쩌면 나는 나의 실패 경험이 아이에게도 투영시키며 두려웠을지도 모른다.

"난 그림을 잘 못 그렸는데 우리 서준이는 엄마를 닮아 그림을 잘 그리는구나! 서준이가 좋아하는 미술 학원은 아빠가 보내줄게."

남편은 서준이 나이 때 교과서에 낙서 하나 그리면 큰일 나는 줄 알고 성실히 공부했고, 영광처럼 그때의 교과서를 아직 가지고 있다. 그랬던 남편이 아이가 공부에 관심이 없다면 굳이 공부에 연연하지 않는다고 하면서 아들의 창의성을 길러주고 싶다고 말했다. 내가 어릴 때 듣고 싶었던 말이었는데 아들이 미술을 배우게 됐으니 내가 못 이룬 꿈을 이룬 듯 기뻤다.

내 뜻대로 아이를 키우기 어려워서 옛말에 '자식 농사가 가장 어렵다고.'라고 하지만, 부모이기에 내 자식이 행복할 수 있도록 아이가 원하는 삶을 살아갈 수 있는 게 도와주어야 하지 않을까? 아이가 즐거운 활동을 하고 몰입할 수 있다면 그것만으로 됐다. 부모이기에 내 아이의 모난 구석마저 그대로 받아들이고 포용해 줌으로써 아이의 모든 부분을 그대로 받아들이고 사랑해 주는 게 완전한 사랑임을 깨닫는다.

# 느린 아이라도 괜찮아

내 아들, 서준이는 12월생으로 생일이 늦고 또래에 비해 키도 유난히 작다. 키가 큰 친구와 많게는 30cm 이상 키 차이가 나서 성장 클리닉 병원에 가보니 아이의 뼈 나이가 두 살이 어리다고 한다. 사실 나도 남편도 대한민국 성인 평균 키보다 작기에 아이가 성인이 되어서도 그리 클 것 같지 않다. 그런데도 부모이기에 욕심을 부리자면, 베이징 올림픽 금메달리스트 박태환 선수처럼 후천적인 노력으로 성인 남성의 보통 키를 따라가지 않을까 못내 기대한다.

느린 건 신체발달뿐만 아니라 운동신경도 똑같다. 초등학교 2학년이 돼서야 줄넘기를 넘기 시작했고, 친구들이 두발자전거를 타고 있을 때 내 아이는 네발자전거를 타고 있어서 부끄러운지 집에 들어가 버린다. 태권도 학원에서 품새를 외워야 단심사를 볼 수 있는데 품새가 도무지 안 외워졌는지 결국 태권도 학원을 그만뒀다. 서준이의 신체 조건과 운동 신경으로 이따금 좌절을 볼 때면 옆에서 지켜보는 나로서는 안쓰럽다.

부모의 바람은 나의 아이가 다른 아이들만큼 크고 성장하길 원해서 나의 유튜브 알고리즘에는 '키 크는 방법'과 '느린 아이 양육 법' 같은 지식 정보가 뜨는데 안 볼 수가 없다. 에프터스쿨의 멤버, 나나는 성장기 때 키를 키우기 위해 매일 500cc 우유를 마셔서 훌쩍 컸다고 하니 그날부터 아이 우유 챙겨주기와 서준이와 같이 줄넘기를 하는 건 루틴이 됐다. 찰흙 놀이처럼 아이의 팔다리를 쭉쭉 늘려주면 좋으련만, 그렇지 못하니 아이의 키를 키우기 위해 적절한 운동과 영양소 공급을 해줄 뿐이다.

서준이는 학습 역시 느리다. 공부를 좋아하는 아이가 어디 있겠냐마는 서준이는 지루한 공부를 반복하기 싫어서 학원에 가길 싫어하고, 억지로라도 학교 방과후 수업을 보내려하면 아침부터 알 수 없는 복통에 시달린다. 밀린 공부를 한꺼번에 할라치면 서준이는 몸이 아프다고 호소하다가 공부 스트레스가 많이 쌓였는지 가려움을 동반한 전신 두드러기가 생겨서 지난밤 가려움증으로 고통 받은 아이 몸에 생채기가 가득했다.

느린 아이의 학습을 온전히 엄마가 감당하기에는 하루가 시험의 연속이고 고난의 나날이 이어졌다. 학습 역시 학교에서 배운 걸 복습만 할 뿐으로 선행학습은 하지 않는다. 그나마 초등학교 2학년이 되니 배워야 하는 이유를 받아들여 학교에서 배운 내용을 집에서 복습만 하고 있다.

그렇게 초등학교 1학년 내내 엄마표 공부를 해봤지만, 나 혼자 아이를 감당하기에는 역부족이었다. 옛날 사람들이 아이 하나를 키우기 위해서 온 마을의 도움이 필요하다고 한 만큼 아이를 성인으로 키우기는 많이 어려웠다. 그래서 아이의 학습 의욕을 북돋아주면서, 내 주변 사람에게 서준이의 학습에 도와달라고 부탁했다. 가장 가까운 남편에게 아이 학습을 도와달라고 했다. 지친 몸으로 퇴근하고 온 남편이라도 아이 일에 두

손, 두 발 다 벗고 나서겠다고 했다. 그리고 서준이의 초등학교 2학년 담임선생님에게 아이가 학습이 부진하다고 고백했다. 새 학기 초부터 사실 그대로 선생님에게 털어놓으니 한결 나의 마음이 편해졌다. 이후, 우리 모자를 바라보는 선생님의 시선이 많이 부드러워졌음을 느껴졌다.

느린 자식을 키우는 장점은 뭘까? 내 품에 자식이라던데 그러다 보니 난 9살인 아들을 지금까지도 업어주고, 안아주며 많이 스킨십을 한다. 체중이 20kg 밖에 안 나가서 가능한 얘기다. 만약 서준이 몸무게가 40kg이었다면 무거워서 내 품의 자식을 하지 못할 것이다. 아이의 몸이 작고 가볍기에 아직까지는 원 없이 아들을 안고 온기를 느낄 수 있음에 감사할 따름이다.

서준이는 신체 발달과 운동신경, 공부까지 아이의 템포에 맞춰 반 박자 느리게 성장한다. 부모는 아이의 속도에 아쉬워 말고, 무리해서라도 바꿔보려 하지 않는다. 그렇게 부모와 자식 간의 완전한 사랑을 만들어 가고 있다.

# 엄마 아빠표 공부

2022년에 서준이가 초등학교를 막 입학할 때, 나는 아이 교육에 그다지 큰 노력을 쏟지 않았다. 아이는 저절로 커간다는 믿음 아래 콘텐츠 제작과 재테크에 더 중점을 두던 터였다. 그런 엄마의 악영향이었을까? 12월생의 성장이 더딘 서준이는 초등학교 입학 전에 충분한 한글 학습이 이루어지지 않았고, 학습 경험이 없던 터라 의자 착석도 어려워했다. 그런 서준이가 초등학교에 입학하기 무섭게 담임선생님에게 호출이 잦아졌다.

"어머님 서준이가 수업 시간에 집중을 못해요. 교과서에 낙서하네요."

1학년 1학기까지는 이러한 전화에도 난 크게 신경 쓰지 않았다. 당시 만 6세의 아이가 학교에 잘 적응하기 만무했기에 이내 잘 따라갈 것이라 믿고 공부방을 보냈었다. 하지만 나의 안이한 생각이 아이의 학습 의지는 제자리걸음이 이어졌다.

아이가 초등학교를 막 입학할 무렵 공부방을 보냈지만, 아이가 선생님 한 명당 학생 다수의  학원 학습을 받아들이지 못하고 학습을 겉돌았다. 그러면서 점점 학원 학습을 꺼리게 됐고, 공부방을 다닌 지 6개월 만에 그만뒀다. 이런 아이 성향을 어찌한단 말인가. 침착하게 공부를 알려줄 수 없는 성격 급한 엄마라도 아이를 앉히고 공부를 시킬 수밖에 없었다. 그렇게 내가 아들의 학습을 도맡았고 당근과 채찍을 양손에 쥔 채 아이를 지도했다. 하지만, 한글, 수학, 책 읽어주기, 아이 챙겨주기로 버거워지면서 아이에게 친절하게 공부를 시켜주기보다는 혼내기 일쑤였다. 똑같은 문제는 수십 번 읽어주다가 '내가 무슨 AI 기계냐?'며 역정을 냈고, 서준이는 공부에 더욱 위축됐다. 엄마표 공부에 줄곧 패배한 나는 아이 공부에 대해 안 좋은 감정만 쌓여갔다.


　엄마 표 공부만으로 아이의 학습 구멍을 메우기에는 턱없이 부족했다. 이런 과정 속에 남편은 서준이를 학원에 다시 보내려고도 했지만, 서준이는 공부를 왜 해야 하는지 모르는 채 보낸들 제대로 학습하지 않을 거다. 아이를 학원에 보내고 비용 대 학습 효과를 기대하는 부모, 할 수 없이 학원에 가는 아이와 부모 간에 괴리감을 미리 겪고 싶지 않았다. 그래서  남편과 내가 협업으로 아이의 공부를 봐주기로 했다. 나름 나와 남편의 성향을 반영해 어학 공부를 좋아했던 내가 한글과 책 읽기를 하기로 하고, 대학수능시험 수학을 만점 받은 남편이 초등학생 수학을 맡았다. 예비 작가 지망생인 엄마와 수학 만점자 아빠가 붙어서 맞춤 공부를 시켜주니 아이는 예전보다 공부 정서가 안정됐고, 공부하다가 버럭 화내는 나보다 침착하게 아빠와 공부하는 걸 더 좋아한다.


　아이가 피곤해 하거나, 내가 힘들면 그날의 공부 량을 조절한다. 남편이 수학, 내가 국어 이렇게 업무 분담을 딱 나눴다고 해도 남편이 야근을 하거나 몸이 아픈 날은 내가 서준이에게 국어와 수학을 다 알려준다. 그럼에도 남편에게 많이 고마운 점은 내가 공부를 알려주다가 내 목소리가 점점 커지면 남편이 나와서 선수교체를 해준다. 남편이 회사에서 힘들게 일하고 집에서는 쉬고 싶은 게 솔직한 심정이겠지만, 내 아이와 아내가 힘들어하면 두 팔 걷어붙이고 나와서 서준이와 같이 있어주기에 그럴 때마다 내가 결혼 하나는 정말 잘했다 싶다.

내가 그나마 자신하는 엄마표 공부는 아이에게 책을 많이 읽어주는 것이다. 자동차를 타고 이동할 때와 잠자기 전, 집에서 공부하고 쉬는 시간에 아이가 흥미를 가지는 분야의 책을 읽어준다. 서준이는 공룡에 관심이 많은지라 공룡 책을 즐겨 찾는데, 최근에는 『마법천자문』과 『한국사 대모험』 같은 학습 만화를 많이 읽어준다. 같은 목소리 톤으로 읽어주면 지루해서 나와 아이가 역할에 나눠 각자 읽거나, 내가 주요 인물의 목소리를 바꿔 재미나게 읽어준다. 책 읽어주는 시간은 하루에 많게는 2시간씩 읽어주는데, 아이가 책을 보다가 잠들거나 내 목소리가 갈라질 때까지 계속한다.

이렇게까지 책을 읽어주는 데에는 이유가 있다. 서준이가 느린 학습자인지라, 초등학생 2학년이지만 아직까지 글씨를 쓰기도 표현하기 서툴다. 하지만, 내가 아이가 태어나서 책을 곧잘 읽어줬던 터라 서준이는 나의 음성을 듣고 정보를 습득해왔다. 지금까지도 내가 책을 읽어줘서 한글을 깨우치고 있으니 엄마표 공부가 통한 셈이다. 초등학교 3학년부터 정규 과목으로 영어가 들어간다 하니 벌써부터 한숨부터 나오지만 어떡하겠는가. 내가 매일 영어 책을 읽어줄 수 밖에. 아이가 나중에 '나 혼자 읽을래!' 할 때까지 매일 같이 책을 읽어주며 아이의 학습을 도와주려 한다. 귀가 밝은 아이이니 들어서 학문을 서서히 습득할 것이라 믿는다.

## 모자의 스트레스 해소법

지루한 공부라도 엄마와 아빠랑 함께 매일 하니 하루의 일과가 됐다. 분량은 암산 문제집 한 쪽과 한글 받아쓰기를 한 번, 아이 컨디션에 맞춰 한글 학습지를 추가한다. 아이가 어려서 오래 착석하기 어렵기에 3학년 때부터 배우는 사회와 과학은 내가 학습 만화를 읽어준다. 나의 공이 많이 들기에 아이와 공부하고 책까지 읽어주면 나면 내 목은 쉬고, 서준이는 졸려 하는데 공부가 끝나면 두 모자는 이불을 깔기 무섭게 곯아떨어진다.

모든 가정이 그렇듯, 나의의 학습은 순탄치 않다.


"엄마가 이 세상에서 제일 싫어."

"내 속에 낳은 아이지만, 나는 너가 버겁다. 휴"


이마저 내가 컨디션이 좋을 때면 탈이 없지, 내 몸이 피로하거나, 생리 전에 감정이 롤러코스터 같으면 큰일이다. 그런데도 억지로 아이와 공부하고, 책을 읽어주지만 다이나마이트의 도화선에 불이 붙어 언제 터질지 모른다. 그럴 때면 서준이는 나의 눈치를 보느라 공부는 뒷전이라서, 그런 아이를 보고 있자면 학창시절 때 공부와 담을 쌓고 산 나지만 '이럴 바에는 내가 공부해서 의대를 간다.' 생각마저 든다.


서준이가 초등학교에 입학하면서 나와 서준이는 자주 다퉜다. 서준이가 태어나서 줄곧 자유로운 영혼으로 살아왔는데 학교 입학과 동시에 공부라는 패턴을 끼워야 하기에 쉽지 않았다. 그래서 아이에게 공부를 왜 해야 하는지 설득하다 딴청 피우는 아이를 보고 벌럭 화가 났다가, 서준이가 울음을 터트렸고, 난 아이를 어루고 달래며 혼자 북치고, 장구 치는

꼴이 가관이었다.

나는 아이와 매일같이 지지고 볶고 살지만, 아들과 내가 서로 좋아하는 취미 활동을 가지고 있다. 서준이가 좋아하는 미술 활동을 공방과 미술 수업을 통해 공상의 세계를 펼쳐서 나와 관계에서 피로감과 공부 스트레스를 풀고 있고, 나는 복싱장에 가서 고강도 운동을 통해 체력을 쌓으면서, 아들과의 감정 찌끄러기를 해소한다.

같이 공부를 봐주다가 내가 폭발할 것 같다 싶으면 둘이 같이 산책한다. 밖에 공기를 맞으며 아이의 천진난만한 모습을 보면 이내 내 마음이 사르르 녹는다. 그리고 공부로 힘들어하는 아들과 종종 데이트한다. 모자간 데이트의 루틴은 모자가 잘 차려입고, 서준이가 좋아하는 곳에 가서, 같이 외식하고 집에 돌아온다. 그래서 '엄마랑 데이트 할래?'라는 말을 서준이가 좋아한다.

서준이가 '공부 안 하고 게임할래.' 하든지, 내가 '이제부터 육퇴(육아퇴근)한다.'고 선언하면 그날은 둘 다 자유시간을 갖는다. 이때 서준이는 닌텐도 게임을 하고, 공상에 잠겨 그림을 그리고, 만화 영화를 감상한다. 반면 나는 곧장 잠이 들거나, 운동을 가거나, 가볍게 혼술을 즐기기도 한다. 자유 시간동안 각자가 담아둔 나쁜 감정쓰레기를 털어낸다.

아들이 미울 때는 아들의 뒤통수를 확 갈겨버리고 싶을 때도 있다. 이럴 때는 우리 전생에 악연이었을까 아니면 선연이었을까? 이따금 서로가 많이 밉지만, 그렇다고 사랑하기에 우린 인연일 테다. 전생에 내게 아들이 은인이라서 이번 생에 내가 아들에게 은혜를 갚는 것일지도 모른다. 그런 자식이기에 미워하는 마음을 금방 털어내고 돌같이 사랑할 수밖에 없다. 서준이가 잠 잘 준비를 하면 내 옆에 누워서 달콤한 목소리로 '엄마 사랑해.' 말하며 내 옆에 잠든다. 공부와 별개로 나에게 애정표현을 해주는 아들에게 고마울 뿐이다. 그렇게 엄마와 아들은 매일 애증의 관계가 됐다가 잠들 때 사랑을 속삭이고 같이 잠든다.

## 일과 육아 밸런스

균형이란 말은 누가 만들었을까? 수치화할 수 없는 일 분배를 위해 '밸런스를 지키도록'이라는 식으로 말하지만, 균형을 유지하기는 쉽지 않다. 타고난 내 몸뚱어리를 좌우, 상하를 균형 있게 만들기 어렵듯, 내 몸조차 오른쪽, 왼쪽 다리 길이가 다르고, 근육량조차 달라서 걷다가 중심을 잃고 엎어지기 일쑤다.

일과 육아의 밸런스를 맞추기 쉽지 않다. 그럼에도 일과 육아의 밸런스는 가져가야 한다고 말하고 싶다. 내 자궁에서 키운 아이를 향한 마음은 태평양과도 같아서 나를 다 내어줘도 아깝지 않더라도 신의 창조물에게 나의 시간과 노력을 좀 덜어두자. 내 새끼 잘 키우기도 중요하지만, 내 남은 여생을 풍요롭게 만들어야 하는 것 역시 우리의 과제이기에 말이다.

온종일 아이에게 올인하고 나면 어떤가. 나의 경우에는 독특한 색깔의 인간 '장은진'은 온데간데 사라지고, '서준 엄마' 타이틀이 짙어진다. 그러고 나면 아이에게 헌신적이려던 엄마는 나의 시간을 갖지 못한 것에 대한 불안감이 커지고 마치 왼손으로 아이의 밥을 떠먹이고, 오른손은 내 일을 하는 것처럼 아이와 있으나 마나 한 시간을 보내고 만다. 그러고 나면 육아 퇴근 후에 마시는 맥주 한잔하면서 아이에게 미안함과 내가 자유롭지 못하다는 걸 되새김질하곤 한다.

앞서 말한 나와 아이에게 미안한 경험을 줄이고자 잔머리를 굴렸다. 새벽 기상을 하고, 집안일 할 시간을 쪼개서 내 일을 하고 한다. 새벽 5시에 기상해서 2시간 동안 온전히 내 일을 하고 나니 아이와 함께하는 시간은 온전히 집중할 수 있었다. 어린 자녀랑 놀아서 얼마나 재밌겠냐마는 그러고 나면 아이와 진심으로 즐겁게 놀고 있는 나를 발견한다. 아이와의 시간이 행복하고 즐겁다. 일과 육아의 밸런스를 지켜가기 위해 몇 가지 방법이 있다. 그 첫 번째는 밤이 돼도 내 일이 끝나지 않았다면 아이를 일과를 빨리 맞추고 가능한 빨리 재운다. 자녀는 엄마와 함께 있고 싶어 하기에 왜 지금 자야 하는지 이해할 수 있도록 설명해준다. 어린아이일수록 바로 이해하기 어렵겠지만, 경험이 이어질수록 아이가 받아들인다.

일과 육아 밸런스 지키기 두 번째는 남편 찬스다. 물론 어떤 남편이냐에 따라 다르겠지만, 육아에 협조적인 남편이라면 아이를 맡기고 나의 일을 하도록 하자. 아빠와 잘 노는 아이는 배워가는 게 많다고 하지 않는가. 리더십이 향상되고, 신체 운동을 주로 해서 성장이 도움이 된다. 자주, 거침없이, 일말의 망설임 없이 남편에게 아이를 떠밀어 아파트 놀이터에 놀다 오라고 밀어붙이자.

일과 육아 밸런스 지키기 세 번째는 육아는 양보다 질이다. 하루에 단 30분이라도 아이에게 올인해서 엄마의 애정과 관심을 듬뿍 보여주자. 30분 놀이는 아이를 둔 맞벌이 부부라면 꼭 활용해볼 만한 아이와의 놀이법이다. 그 시간 동안 핸드폰의 실시간 알림은 신경 쓰지 말고, 돈 받고 일하는 것처럼 아주 잘 놀자. 아이와 내가 숨이 넘어갈 정도로 웃어재끼면 아이는 부모를 향한 그리움을 떨치고, 부모는 일하면서 쌓였던 감정과 아이에게 미안함이 가신다. 엄마와 놀이 30분의 시간이 지나면 아이가 좋아하는 장난감을 가지고 놀게 하고, 좋아하는 만화 프로그램을 보여주자. 그리고 남는 엄마의 시간과 에너지는 본인 자신에게 선사하면 장기적인 행복한 기억과 시간을 보내도록 하자.

내가 뭣 모르고 아이를 낳아서 키운 지 어느덧 9년이다. 서준이는 유아 시기에 시부모님 손에서 컸고, 5살부터는 종일 어린이집에 맡기며 키웠기에 그동안 함께 있어 주지 못한 미안함과 고마움이 공존한다. 서준이가 8살이 돼서야 내가 회사를 그만두고 아이와 온전히 시간을 보내고 있으며 아이를 지켜보니 내가 아이에게 공들인 시간보다 아이는 훨씬 잘 커져 있었다. 옹알이 하며 말을 배운 아이가 어느덧 유창하게 자기의 감정을 표현하고, 예전에는 잘 넘어졌었는데 친구와 뛰놀면서 점점 넘어지는 횟수가 줄어들었다.

나 역시 아이 육아를 하면서 갈 길이 멀다. 내 속으로 낳은 아이의 속마음을 들여다보지 못하고 눈물짓곤 한다. 내가 몇 년이 지나고 이 글을 보면 '시간이 지나면 해결될 문제'라며 손사래를 치고 있을 않을까. 나를 비롯해 많은 부모님에게 자녀 잘 크고 있음에 너무 걱정하지 말라고 격려해 주고 싶다.

# 6장

## "있는" 아내의 완성

부부는 대화가 필요해
부모와 자식은 서로의 거울
불경기 생존법, 절약은 품격
존재함에 감사합니다
인생이란 결국 난타전이야

부부는 대화가 필요해

결혼 한 지 10년쯤 되면 배우자와 도무지 소통이 어렵다고 토로하는 부부가 수두룩하다.

결혼 전후로 세상에 단 하나뿐이던 나의 꿀벌이 회사에서 무슨 일이 있었는지 불만 가득한 얼굴로 집에 돌아와서는 입을 다물어 있는지 궁금할 따름이다. 나 역시 그랬고, 우연한 기회로 남편과 가족 상담을 받게 되면서 대화의 중요성을 깨달았다.

자발적으로 가족 상담을 받은 건 아니었다. 때는 2022년 겨울, 서준이가 다니던 수영장에서 불미스러운 일이 벌어졌고, 그 일이 있고서 한 달이 지난 후에 내가 알게 되면서 경찰에 신고했다. 그러나 사건이 발생한 후 한참 시간이 지난 후라 피해를 준 아이를 찾을 수 없이 사건은 종결됐다. 그리고 인천해바라기센터에서 서준이는 피해자 지원 조치로 성교육을 지원받았고, 육아 스트레스가 높던 우리 부부는 가족 상담을 받았다.

내 이야기를 담담히 들어주는 그 누군가를 만난 건 얼마 만이었는지. 남편은 상담사와 첫 만남에서 "내 이야기를 들어주는 것만으로도 고맙다."라고 말했고, 나는 그녀에게 가슴이 쓰라린 나의 지난날을 얘기한지 10분 만에 왈칵 눈물을 쏟아냈다.

그렇게 이어진 몇 번의 개인 상담이 이어졌고 상담 4회 차에 우리 부부는 함께 상담실을 향했다. 상담사는 건조기에서 잘 말려나온 이불처럼 결혼 전에 왜 배우자와 결혼을 결심했는지 알려달라고 했는데 남편이 조심스레 말을 꺼냈다.

"결혼 전에 아내는 절 잘 챙겨줬습니다."

남편의 무의식에서 나온 말이었지만, 그의 한 마디에 우리가 결혼하기 전의 모습이 떠올렸다. 남편이 총각 시절에 혼자서 자취할 때, 남편이 혼자라도 밥을 잘 챙겨 먹도록 내가 자취방에 가서 음식을 만들어 두곤 했다.

나의 배우자는 입이 짧고, 혼자서는 도무지 잘 챙겨 먹지 않았기에 냉장고에 뭐라도 있으면 먹을 것 같았다. 반찬과 함께 하얀 쌀밥을 짓고서는 둘이 도란도란 앉아 나눠 먹었는데 그때 남편은 결혼해서 잘 살 것 같았는지 결혼을 결심했다고 한다. 우리의 6년여의 긴 연애를 끝으로 결혼한 우리, 결혼 생활이 호락호락하지 않기에 점차 서로에게 무덤덤해졌다.

가족 상담을 계기로 장모님의 딸과 시어머니의 아들은 두 뼘만 한 거리를 한 뼘씩 좁혀졌다. 내가 10여 년 전부터 사랑했던 남자의 온화한 미소와 멋진 저음의 목소리는 여전해서 연애 때처럼 두근거렸다. 남편과 다시 알콩달콩 시간을 보내고 싶어져서 아들을 따로 재우고 난 총총 걸음으로 가서 남편 옆에서 잠들었고, 연애할 때처럼 남편에게 전화를 걸어 사랑한다고 말했다.

상담사에게 이야기를 들어줘서 고맙다고 말 한 남편의 말이 떠올라서 남편의 말을 잘 들어주고 공감해 주기 시작했다. 난 남편에게 힘든 일이 생기면 언제든 내게 말하라고 했고, 그는 내게 서서히 회사 얘기를 꺼냈다. 역시나 남편은 회사에서 피로감을 겪고 있었다. 나도 회사에서 겪었을 만한 까칠이, 깔끔이, 자칭 천재 등 여러 사람에게서 스트레스를 받았다. 내가 남편이었다면 금방이라도 반박했겠지만, 하지만 남편의 조심스러운 성격상 별말을 하지 않고 조용히 견뎌냈다고 한다.

"여보 회사 때려 쳐. 내가 당신 먹여 살릴게."

남편을 움츠리게 한 사건을 듣고 내 입에서 육두문자가 튀어나왔다. 와이프의 와일드한 반응에 만족했는지 내 반쪽은 입꼬리가 살짝 올라갔다. 그날 이후 회사에서 스트레스를 많이 받은 날이면 귀가하자마자 나에게 그날 있던 이야기를 쏟아낸다. 그때만큼은 한 평, 두 평의 마음의 여유를 가지고 남편의 이야기를 들어준다.

대한민국 정서상 엄마가 아이에게 온 정신을 쏟기에 남편에게 관심과 애정이 줄어들기 마련이기에 보통의 부부는 자녀가 탄생하며 부부가 소통이 줄어든다. 나의 남편 역시 내가 서준이에게 관심을 쏟을 동안 혼자서 외로운 시간을 보내왔었다. 서준이가 영유아 때 남편은 혼자서 방에 들어가 닌텐도 게임을 했지만, 나와 다시 소통을 시작하자 혼자서 게임하는 시간이 줄었다.

소통하기 시작하니 부부간의 다시 정이 통했다. 나에게 남편은 일등 신랑이고, 내 반쪽에게 나는 보장된 1등 로또 복권이라 생각한다. 남편의 이야기를 잘 들어준 덕분에 그도 내가 요즘 어떤 일을 하는지 관심을 두기 시작했다. 내 블로그 글에 '좋아요'와 댓글을 남겨주고, 유튜브 채널 운영을 위해 필요한 용품이 있다면 아낌없이 투자했다. 남편 카드로 방송용 카메라와 마이크를 결제했다.

"연구 개발 투자야. 더 필요한 거 있음 말해."

남편 핸드폰으로 올려 퍼지는 카드 결제 알림음에도 개의치 않는 남편에게 다시금 설레고 만다. 상담사처럼 난 그저 그의 이야기를 들어준 것뿐인데 소통으로 부부 사이를 꽉 틀어막던 동맥경화를 뻥 뚫렸다. 남편은 아내의 일을 응원하고, 아이 육아와 아빠표 공부에 적극적으로 동참하며, 가족과의 시간이 편해졌음을 느낀다. 연애 6년, 결혼 9년 만에 완전한 가족과 결속력 있는 부부가 됐음에 감사하다.

# 부모와 자식은 서로의 거울

2022년 5월, 난 전 직장을 그만두고 나의 지난 삶을 회고하고자 책을 쓰겠다고 하자 남편은 설마 책이 나오겠냐며 반신반의했고, 서준이는 "엄마 책은 언제 나와?" 하며 날 채근했다. 우리 집 두 남자의 반응은 제각기였지만, 감사하게도 가족은 나의 책을 기대하고 있었다.

책 쓰기를 시작한 지 어느덧 1년이 지났건만, 나의 원고는 출판사와 계약을 맺지 못하고 속앓이했는데, 에세이 쓰기 모임과 고전 소설 서평 쓰기 모임에 참여해 글쓰기 연습을 이어갔다. 그러면서 비슷한 컨셉의 책들을 벤처 마킹하며 나의 원고 콘셉트를 바꿔갔는데 그러다 보니 블로그와 유튜브 관리는 뒷순위가 되었다. 나는 나라는 콘텐츠 사업을 이어가고 싶었는데 어쩌다 보니 책만 쓰는 전업 작가의 모양새가 되어버렸다. 그만큼 난 책 출판이 간절했다.

그러던 어느 날, 서준이는 내가 컴퓨터에 작업한 원고 글자를 관심 있게 봤다. 난 글을 쓰느라 아들의 표정을 잘 읽지 못했는데 서준이는 내 컴퓨터 모니터를 보고 나서 뭔가를 결심했는지 곧장 스케치북의 종이를 북 찢어서 반으로 접고 연필을 들고는 한참을 몰두했다. 아들은 하얀 종이에 거침없이 그림을 휘갈기는 듯하더니, 뒤이어 한글이 미숙했던 터라 내게 모르는 단어의 모음과 받침을 되물었다. 난 귀찮다는 듯이 모음 'ㅐ'는 'ㅓ, ㅣ'의 조합이라 말로 설명해 주니 작은 손으로 글자를 옮겨 썼다. 그리고는 종이에 붙이는 테이프가 어딨냐며 아우성을 치는데 아들의 모습은 내 일을 방해하는 꼬마 악당이었다. 글을 쓰려 하니 방해하는 악당의 괴롭힘에 난 더 이상 글쓰기를 이어가지 못하고 체념할 수밖에 없었는데, 아들이 콧구멍을 벌렁거리며 난해한 종이 뭉치를 보였다.

"엄마 내가 책을 만들었어. 읽어 봐."

아들의 첫 책의 제목은 맞춤법과 띄어쓰기가 틀린 『바다애귀신이 ①』, 내용은 망토를 걸친 영웅이 바닷속에서 괴물과 맞닥뜨린 절체절명의 상황, 이때 영웅의 방귀 한방에 괴물을 쓰러뜨린다는 이야기였다. 책 표지에 제목과 지은이가 써 있었고, 시리즈로 책을 계속 만들 작정이었는지 '지금시리즈'라 써 있었고, 책 마지막에는 대문짝만하게 끝을 써놓았다. 그 후로 아들의 지금시리즈는 『거대로봇을막아라②』와 『③살인마의 대결』로 이어진다. 1편과 같이 2편, 3편 역시 스케치북을 활용했고, 철 스프링이 들어갔던 부분마저 책의 한 부분이 되어 뜯겨나간 부분이 있는가 하면 구겨지기도 했다.

아들의 지금시리즈는 그처럼 귀엽고, 어리숙해 보이지만, 내 책과 그의 책은 다를 게 없었다. 우린 책을 처음 만드는 초보 작가라는 점만큼은 똑같기 때문이다. 초등학교 2학년인 아들이 맞춤법과 띄어쓰기가 틀렸음을 모를 리 없겠지만, 거침없이 책을 만들어 독자인 내게 보인 점은 칭찬해 주고 싶었다.

책을 만든 아들의 모습에서 대단하지 않은 글솜씨였음에도 세상에 나를 알리고자 원고를 완성해서 많은 출판사에 투고했던 내가 비췄는데 당시의 나는 아들처럼 도전적이고 진취적이었다. 부모는 아이의 거울이 되어야 한다고들 하지만, 반대로 자식을 통해 열정 넘치던 나의 지난날을 발견하곤 한다. 많이 닮은 DNA로 태어난 부모와 자식은 서로의 거울이다. 그리고 서준이에게 교훈을 얻은 난 2023년 5월에 글의 콘셉트를 바꿔서 다시 여러 출판사에 투고했고, 나의 글을 잘 봐준 출판사와 계약했다.

아들과 나의 표현하고자 하는 욕구가 너무도 닮아 있다. 나의 거울인 서준, 그리고 아들의 거울인 내가 앞으로 상호보완적인 관계가 되면 어떨까? 훗날 내가 작가가 되어 나의 자취를 따라오는 아들에게 손을 내밀어 지지해주고, 아들의 진취적인 모습에서 내가 열정적으로 살 수 있는 날을 생각하니 가슴이 두근거렸다. 내 아들이 커서 어떤 창작가가 될까? 나처럼 남들과 다르게 생각하고, 영감을 얻어 글이나 영상을 만들지 않을까? 어쩌면 그림그리기를 좋아하니 미술가가 되지 않을까. 창의적인 아들의 멋진 미래가 떠오르니 아들에 대한 먹구름은 걷어지고 푸른 하늘로 퍼져나갔다.

# 불경기 생존법, 절약은 품격

"3.17달러짜리 베이컨과 달걀, 그리고 치즈 비스킷이에요. 그렇지만 요즘은 시장이 하락세라 3.17달러짜리 대신에 2.95달러짜리를 골랐습니다."

미국에서 방영한 다큐멘터리 〈워렌 버핏이 된다는 것〉에서 버핏은 매일 아침에 직접 운전해서 맥도날드에 들러서 아침밥을 사는데 주식 시장이 좋고 나쁘냐에 따라 메뉴가 달라진다 한다. 2022년 미국 주식시장 하락기에 버핏은 2달러의 메뉴를 고르지 않았을까?

버핏이 매일 아침 2달러의 맥 모닝을 샀을 동안 우리 가족은 긴축 정책을 펴왔다. 모두 힘든 불경기 속에 우리도 앞으로 생길지 모르는 위기 상황에 대비해 절약했다. 짠순이로 수십 년을 살아보니 부자가 되기 위해 얼마를 버느냐보다 얼마를 쓰느냐가 중요하다고 생각한다.

그래서 나는 2023년 초부터 가계부 쓰고, 지출을 줄이고자 외식 없이 집 밥을 주로 해 먹었으며, 서준이의 사교육은 아이가 하겠다는 미술만 등록해 줬다. 그런에도 매월 300만 원 가까이 지출한다. 우리가 직접적으로 쓰는 돈 외에도 정기적으로 나가는 아파트 관리비와 보험료, 인터넷 비용 외에도 자동차세와 재산세 등 세금이 나가고, 가족 행사와 여름 휴가에 돈을 쓴다. 넋 놓고 돈을 쓰다 보면 쥐도 새도 모르게 돈이 사라져서 돈 구멍을 제대로 쥐어야 한다.

가계 지출 중 도무지 줄이기 어려운 건 식비로 나는 장을 나눠서 본다. 고기는 코스트코에서 사고, 야채와 과일, 우유, 계란은 동네에서 산다.

내가 그곳에서 고기를 사는 이유는 고기가 저렴하고 맛있어서다. 많은 사람이 코스트코에 가면 쉽게 30~40만 원은 쓰는데, 나는 10만 원 내에 쇼핑한다. 그곳에 갈 때는 입장하고 바로 고기 코너에 가서 미국산 고기를 집어 들어 계산대를 향한다. 자칫 주위를 기웃거리다가는 필요할 것 같은 물건에 현혹되기 십상이므로 딴 곳을 보지 않는다. 이따금 7천 원짜리 로세리티 치킨 정도는 사오기도 한다.

동네에서는 못난이 야채와 과일, 유통기한이 임박한 우유를 주로 산다. 겉에 상처가 나서 상품성이 없는 과일은 몇 개 더 얹어서 팔면 난 체면을 차릴 것도 없이 냉큼 집어 온다. 저렴한 식자재를 사는 것에 남편과 아이는 개의치 않을뿐더러 남이 나를 어떻게 바라볼지 전혀 신경 쓸 필요 없다.

어느 날, 집 근처에서 한 마리에 8,000원 시장 치킨 가게 앞에 벤츠 지바겐이 세워져 있었다. 두 번의 탄성을 냈는데, 첫 번째는 우리 동네에도 지바겐이 있구나 하는 탄성이었고, 두 번째는 부자도 만 원도 안 하는 치킨을 사먹는구나 하는 감탄이었다. 누가 1억이 훌쩍 넘는 차를 타는 차주가 만 원도 안 하는 통닭을 사 먹는다고 헐뜯겠는가? 나는 지바겐의 차주가 워렌 버핏과 같은 절약하는 부자겠구나 했다. 그렇기에 나는 선택적 절약만큼 스스로의 품격을 높이는 건 없다고 생각한다. 이렇게 매달 50만 원에서 70만 원 사이로 식비를 쓴다.

2장 '국민연금아 노후를 잘 부탁해'에서 소개했듯이 불확실한 미래 대비용 보험과 상조에는 전혀 돈을 쓰고 있지 않다. 나의 노후는 남이 책임져 주지 않기 때문이다. 가능하다면 스스로 재테크를 해서 각자의 노후를 챙기는 걸 추천한다. 참고로 남편은 국민연금 직장가입자이고, 나는 회사를 그만뒀음에도 임의 가입자로 국민연금을 유지 중이며, 각자의 퇴직금은 퇴직연금으로 운용하고 있다.

절약이 생활화가 된 우리 모자가 입는 옷은 얻어서 입으며, 나는 샤워할 때 샴푸와 바디 워시 대신에 고체 비누를 쓴다. 아줌마가 된 이상 더 이상 찰랑거리는 머릿결과 비단결 피부를 유지할 필요가 없어졌고, 플라스틱에 담겨진 액체 비누를 쓰면 플라스틱 쓰레기가 나와서 죄책감이 들어서 고체 비누로 바꿨다. 커피 없이는 못 살기에 텀블러는 상시 들고 다니면서 마이 컵 할인을 받고 있으며, 종종 캐시워크 앱에 쌓인 포인트로 스타벅스 공짜 커피를 마신다.

여기까지는 많이들 하는 절약법으로 이제부터 절약 고수 단계로 다소 짠 내가 진동하는 나는 나만의 절약법을 소개한다. 짠내가 진동하는 절약 방법 첫 번째, 식료품을 담은 비닐봉지는 가정에서 재활용한다. 식재료를 담은 불투명한 봉투를 잘 말려서 음식물 쓰레기를 모아두는 봉투로 다시 쓴다. 재활용한 비닐봉투에 음식물쓰레기를 넣고 봉지 끝을 가위로 자르면 물기가 빠져나오는데 이렇게 물기가 빠진 음식물이 한가득 모이면 음식물쓰레기 봉투에 담아서 버린다. 많은 양의 음식물쓰레기를 모아 버릴 수 있어서 경제적이다.

짠내가 진동하는 절약 방법 두 번째, 나는 내 반려견의 애견 미용을 직접 한다. 사계절 털을 뽑어내는 이중모의 우리 집 강아지 해피는 내가 1년에 두 번 털을 직접 밀어준다. 중형견 강아지를 미용하려면 약 5만 원의 돈이 필요하다. 내가 5년간 매년 두 번씩 털을 밀어줬기에 50만 원의 돈을 절약했다.

왜 그리 지지리 궁상으로 사냐며 나를 불쌍하게 보는 사람이 있을지도 모르지만, 선택적 절약은 품격이라고 강조하고 싶다. 그렇기에 불경기 동안 나는 앞으로도 아끼면서 살아갈 거고, 이 어려운 시국을 잘 극복해 갈 것이다.

　욕심 많은 아내가 더 행복하게 사는 법

# 존재함에 감사합니다

"가난한 집에 태어나 오랫동안 억압된 삶을 살아왔군요. 혹시 선생님이 부유한 집에서 태어났다면 어떨지 생각해본 적 있나요?"

지난 달 말, 가족 상담 상담사가 내게 물었고, 난 고민할 것도 없이 바로 대답했다.

"제 부모님이 불쌍히 살아와서 전 부모님이 절 낳아준 것만으로도 감사해요. 그래서 다른 삶을 산다는 생각해본 적이 없어요."

"선생님께서 글을 쓰신다니 제가 드린 질문에 대해 글로 풀어보면 자신을 이해하는 데 도움이 될 겁니다."

냉장고에 붙인 포스트잇이 거추장스럽게 느껴질 정도로 난 이 질문에 대해 오랫동안 생각했다. 상담사분은 내가 가난한 집의 막내 딸로 태어나 오랫동안 갑을 관계에서 을로 살아왔다는 게 그 이유인데, 이상하게도 내가 다른 환경에서 살았다면 하는 전제는 생각조차하기 어려웠다. 어두웠던 내 어린 날을 떠올리려면 심연의 바닷속에 몸을 집어넣어 심장 박동을 늦춰서 생각했다.

"바다처럼 이해하고, 포용하며 살거라."

내가 어릴 때, 파랗게 물든 동해 바다를 바라보며 나의 어머니, 은주 씨가 내게 말했다. 낚시꾼이라면 바다 수면에 뜬 물기포를 보고 낚시 스팟임을 알아차렸겠지만, 난 고요한 바다 표면을 보면 고난일지언정 삶을 포용하고, 살아가라고 말한 은주 씨가 떠올랐다.

은주 씨의 지난 삶은 맨발로 걸을 수 없을 정도로 척박했다. 그녀는 이른 나이에 외할머니를 여의고 시골에서 외할아버지와 외삼촌들을 챙기다 홀로 서울에 상경했는데 키가 크고, 잘생긴 나의 아빠, 치수 씨를 만나서 결혼했다. 이른 나이에 한 결혼이라 큰 딸을 낳고서 치수 씨가 입대했는데, 은주 씨는 시댁 가까이 살면서 홀로 아이를 기르면서 나물을 다듬어 시장에 내다 팔며 생계를 이어갔다. 그러던 중에 치수 씨에게 변고가 생겼다. 남편은 훈련 중에 산에서 낙상 사고로 척추를 크게 다쳤고, 20대 초반에 군 병원과 대학병원을 돌면서 대수술을 받고 요양하다가 제대했다.

어린 나이에 남편이 갑작스럽게 장애인이 되자, 그때부터 은주 씨는 집 안의 가장이 되었다. 이후 세 아이를 더 낳아 길렀고, 치수 씨와 시장에서 야채를 팔다가 가족 수가 늘어나서 호프 집을 개업해서 밤낮없이 일했다. 가게 문을 닫고 집에 와서는 아이들을 깨우고 학교를 보내고는, 새우잠을 자고, 곧장 가게 오픈 준비를 하는 버거운 일상을 나날이었다. 치수 씨와 은주 씨가 함께 오토바이를 타고 출퇴근을 하다가 깜빡 졸다가 전봇대에 들이박은 적이 있었다. 치수 씨가 취객의 싸움을 말리다가 되려 손님에게 맞아서 눈이 파랗게 물들은 적도 있었지만, 두 부부는 네 아이를 키우기 위해서 이 모든 상황을 감수할 수밖에 없었다.

없는 살림에 잘 자라준 아이들의 모습을 보며 약해지는 마음을 다 잡았을 것이다. 내 어릴 적 기억에 부모님이 마른 안주로 나간 마른 오징어를 물에 불렸다가 튀겨서 가져왔는데 짠기가 없는 질겅질겅한 튀김을 맛있게 먹었다. 어려운 살림에 잘 먹고 자라준 자식들을 보고 치수 씨와 은주 씨는 위로를 받았다고 한다. 여담으로 그 수상한 음식의 정체는 내가 커서 생물 오징어 튀김을 먹고서 알았다.

몇 년간 새벽 장사를 이어가면서 종자돈을 모았지만, 치수 씨가 섣불리 시작한 주식투자에 거금을 잃은 데다가, 큰 형에게 돈을 빌려주고 못 받으면서 다시 가세가 기울었다. 잠을 못자고 일을 했기에 부부의 몸 상태는 악화되어 장사는 접고, 은주 씨 혼자서 식당에서 일하고, 육아도우미를 하는 등 가계를 도맡았다. 그리고 어느덧 시간이 흘러 70대 노부부가 된 치수 씨와 은주 씨는 또래보다 주름이 짙고, 몸이 성한 곳이 없다. 나이 육십이 되니 머리에는 하얀 파뿌리로 뒤덮였는데, 머리카락 관리가 귀찮아진 치수 씨는 이발기로 머리카락을 밀어 하얀 파 뿌리 한 올조차 남아 있지 않다.

두 부부가 지난 세월 힘들게 산 보상이었는지, 네 명의 자식은 잘 산다. 나를 비롯한 세 딸은 좋은 배우자를 만나 결혼해서 살고, 아들은 몸이 불편한 노부모를 보살피며 지낸다. 자식을 버젓하게 잘 키워냈으니 두 노부부의 지난 세월에 대한 보상은 이루어진 셈이겠지. 그렇게 이야기가 해피엔딩으로 끝나면 좋으련만, 이야기는 다시 나의 상담사가 한 질문으로 돌아가 '내가 다른 상황에서 살아간다면.' 이라는 질문에 내가 대답할 수 없는 이유는 따로 있었다.

은주 씨는 내가 생기고 낳지 않으려고 했다고 한다. 이미 아이 세 명이 있었는데도 아들 낳으라는 나의 친할머니의 극성에 딸인 나를 낳았지만, 그녀는 내가 태어나기 전과 후에도 임신했고 어려운 형편에 낙태했다. 태어날 확률 33.3%의 아이, 난 생존자다. 난 어려운 형편에도 부모님이 날 낳아서 길러줬다는 고마움을 느끼면서도 내 형제의 죽음에 미안함이 공존했다. 잔잔한 바다 표면과 달리 심연에서는 거친 혼돈이 내 몸을 삼

켜서 살아남으려고 발버둥 쳤다. 은주 씨의 자궁 안 위기는 지금까지 날 치열하게 살게끔 한 원동력이 되었다.

바닷속에는 수많은 암초와 맹수들이 뒤엉킨 혼란의 상태일지언정 우리 눈에 보이는 바다는 내 어머니가 말한 대로 평화롭기만 하다. 내 어머니 은주 씨의 가난해서 아이를 포기했고, 힘들게 살면서 바다 밑에 혼란과 어려움이 뒤섞여 있음에도 잔잔한 바다의 표면을 유지한 채 살아갈 수 밖에 없었다.

장애인인 남편, 그리고 네 명의 아이가 오로지 은주 씨를 의지해왔기 때문이었다. 어려운 상황에 굳세게 가정을 지킨 엄마, 은주 씨가 희생해서 나를 키웠기에 내가 태어나지 못했을지 몰랐다는 부정보다는, 나를 낳아서 키워줬다는 긍정이 크다. 내 심연 속 죄책감과 미안함보다 나를 태어나게 해줬다는 감사함이 점점 부풀어 올랐다.

42년 전 어느 날, 은주 씨의 자궁 안으로 셀 수 없이 많은 건강한 정자 무리가 은주 씨의 자궁을 헤엄쳐 나팔관에서 나온 난자와 만나 세포 분

열이 일어났고, 건강한 자궁벽에 자리 잡고 열 달을 채워 세상 밖으로 태어났다. 40여 년이 지난 지금도 나는 세상에 건강한 울음소리를 울리겠다. 극적으로 태어나 진취적으로 살게 해준 내 부모님께 감사하다.

# 인생이란 결국 난타전이야

복싱장에서 스파링할 때 나 스스로의 적은 나임을 깨닫는다. 사선으로 내게 위협적으로 공격해오는 상대방은 내 자신이다.

복싱을 시작한 지 1년쯤 됐을 때, 복싱장 관장님이 나를 스파링하라며 부추겼다. 엉겁결에  관장이 챙겨주는 보호구와 12oz의 글로브를 끼고는 링에 올라가 남자 회원과 마주했다. 상대방은 나보다 무려 20cm나 키가 컸고, 죽을 작정으로 덤벼든들 내가 상대할 수 있는 상대가 아니었다. 갑

자기 친정 엄마를 부르고 싶을 정도였다. 그런데 관장님 왈,

"장은진 회원님, 상대의 얼굴, 몸통 상관없이 공격하세요."

관장님의 말이 떨어지자 말자 상대방은 방어 자세를 취하고, 나와의 거리를 두었다. 관장님은 자꾸 공격하라하지 에라 모르겠다 하고 잽을 날리고, 짧은 두 다리를 움직여가며 상대와 거리를 좁혀갔지만 도무지 거리를 좁힐 수 없었다. 두2 회에 걸친 1분 30초간의 스파링이 끝나고 링에서 내려오니 난 스파링의 두려움이 사라졌고 공격이 수월한 스파링 상대는 충분한 방어 훈련이 됐다. 복싱 중급자와 상급자 사이의 적재적소의 훈련인 셈이었다.

그렇게 시작한 복싱 중급 훈련, 상대와 내가 일정한 거리를 유지한 채 공격, 방어하는 수업이 이어졌고, 링 위에 나란히 서서 복싱 스텝으로 뛰기 연습, 공격 콤비네이션 연습, 그리고 회원별 맞춤 복싱 수업이 이어졌다. 스파링 할 때, 내가 상대와 거리를 두려 하면, 관장님은 나에게 거리를 좁히라고 소리쳤다. 나보고 불나방이라도 되라는 건가? 워낙 짧은

팔과 다리를 가진지라, 일정거리를 유지하며 유효타를 날리는 아웃복싱
보다는 상대의 안에 파고들어 집중 공격을 하는 인파이팅이 내게 알맞
기 때문이다. 상대방에게 파고드는 훈련을 이어가던 중 왼손으로 잽을
할 때 오른손은 가드를 유지해야 하지만, 마음이 급해져서 오른쪽 가드
가 풀리면 내 오른쪽 얼굴에 훅이 들어왔다. 내가 공격할 타이밍에 수비
과실로 상대방에게 결정타의 기회를 준 셈이었다. 이로서 나의 문제점을
알아갔고, 인파이팅 스킬을 익혀갔다.

링 위에서 비슷한 체급과 훈련기간의 여성 회원과 스파링에 자신감이
생기고, 남성 회원과의 훈련에 부담감이 없어질 무렵, 내게도 장애물이
생겼다. 스파링 초반에 혈기 넘치는 상대방의 거침없는 공격을 받으니
나도 진심으로 공격을 매몰차게 퍼부었는데 시합이 끝나고 보니 상대가
10대임을 알았다. 내가 20대에 애를 낳았으면 요만한 딸이 있을 만도 한
데, 마치 내 딸에게 패악질을 했다는 생각이 드니 이후에는 도무지 진지
하게 스파링을 이어갈 수 없었다.

나의 복싱수련을 저해하게 한 요인들은 이후에도 이어졌다. 상대방에

대한 죄책감을 가질 쯤, 아웃복싱의 어떤 회원과 1:1 훈련이 성사됐지만, 지난 스파링 후에 죄책감으로 상대와 일정거리를 유지한 채 유효타를 노리다가 오히려 상대에게 결정타를 맞았다. 계속 상대에게 맞으면 어떻게든 한 대만 때려보자는 식이 되고 마는데 링에서 내려올 때쯤, 내가 이성을 잃고 시장판 싸움을 벌였음에 얼굴이 붉어졌다.

그리고서 지난 두 달 전부터 난 스파링을 사양하고 있다. 10대 학생과 1:1 훈련이 부담됐기에 앞으로 내 스파링 상대를 내 또래 (40대)로 연령 제한해야 할지 스스로 생각할 시간이 필요했다. 중급 여성회원이 많지 않은데 연령 제한까지 둔다면 나는 훈련할 기회가 사라질 뿐만 아니라, 편견 투성이의 생각이라 도무지 입 밖에 나오지 않았다.

더군다나 상대에게 유효타를 제대로 날리겠다는 욕심에서였는지 오랫동안 오른쪽 어깨를 근육통에 시달렸다. 그러던 중에 남편과 아이와 함께 복싱 장을 가는 날이 늘어났고 아들을 챙기느라 내 운동은 뒷전이 되고 말았다. 부부 관계를 좋게 하기 위해 가족이 함께 복싱을 시작했는데 남편은 도무지 복싱이 맞지 않아 해서 권투는 그만두고 테니스나 볼링을 하자고 했다. 남편과 관계 개선을 위해 시작한 운동이니 남편의 의견을 수용하며 복싱의 재미를 잃어가고 있었다.

복싱 훈법 중에 섀도라고 있다. 섀도란 홀로 하는 훈련으로 가상의 상대를 두고, 권투 연습하는 훈련법이다. 나는 섀도 훈련을 하면서도 남이 나를 허공에 주먹을 날리는 미친 여자로 보일까 봐 쑥스러워서 잘 못했다. 이런 나도 제법 진지하게 섀도 훈련을 할 때가 있었는데, 영화 록키에서 주인공이 필라델피아 박물관의 계단을 단숨에 뛰어올라가 주먹을 가르는 장면을 떠올리고 잽, 원투의 공격과 함께 몸을 움직여 위빙과 슬립을 취했다. 이때 처음으로 Moves like Rocky가 된 나는 나를 구속하는 틀을 깼다.

일 년 넘게 해온 복싱을 뒤도 안 돌아보고 그만두려 했던 것처럼 살면서 몇 번의 타협과 포기의 굴레가 이어졌다. 어쩌면 내 인생의 빌런은 내가 아닐까? 가상의 상대방에게 공격과 수비를 하는 섀도 훈련을 어려워했던 건 가상 속의 상대방이 나라서 마주하기 어려웠을 것이다. 그래서 나를 마주하기 두려워서 상대에게서 뒷걸음질 쳤고, 소극적인 공격을 해왔다. 내 안에 가장 큰 적은 나인데, 어린 스파링 상대에게 미안해 말고, 나와 거리를 두고 매섭게 날아오는 주먹에 눈 감지 말고, 두 눈 꼭 부릅 뜨고 맞서 싸우겠다.

나는 '나 스스로를 극복하기 복싱 경기'에 나선 여자 선수고, 경기를 앞 두고 상대에게 유효타를 어떻게 날릴지 걱정하는 나에게 복싱장 관장님 이 영화 록키의 대사를 말해줬다.

"인생이란 결국 난타전이야. 네가 얼마나 센 펀치를 날리는가가 중요 한 게 아니라 네가 얼마나 센 펀치를 견뎌내며 그러면서도 앞으로 나아 갈 수 있는 거야."

상대 선수에게 곤죽이 되어 판정패를 받든, 아니면 KO로 지더라도 1라 운드 2분씩 4라운드의 경기를 다 버텨보리라.

이번에는 당신의 오래된 꿈을 이룰 차례,

함께 무소의 뿔이 향하는 곳으로 고개를 들어

당신이 이루고 싶은 꿈을 향해 가기를 기원한다.

- 에필로그 中 -

# 에필로그

## 무소의 뿔처럼 당당하게 나아가라

에필로그의 제목을 바꾼 지 여러 번, 2020년에 썼지만 공개하지 못한 전자책의 부제, 『무소의 뿔처럼 당당하게 나아가라』를 따왔다. 나의 재테크 경험담을 쓴 전자책인데 전 회사의 압박으로 세상에 내놓지 못한 여운이 더해져 어느덧 3년이라는 시간이 흘렀다. 그동안 책을 낼 생각이었는지 글쓰기 연습과 독서를 하며 책에 넣을 문장을 덧붙여 한 권의 책을 만들었다.

이러한 나를 일으키게 만든 건 초원에 한가로이 풀을 뜯는 무소였다. 2톤이 넘는 육중한 몸에 맹수의 몸을 뚫어버릴 듯한 위협적인 뿔을 가진 무소에게 제아무리 사자라고 함부로 대적할 수 없다. 초원에 서서 평화롭게 풀을 뜯어 먹는 무소의 모습은 내가 원하는 삶, 이상향이었다. 어디서 무소가 풀 뜯어먹는 소리냐고 하겠냐마는, 맹수가 초식동물답게 먹이가 되라는 강요에서 벗어나 나의 자유 의지대로 내가 원하는 삶을 갈구했다. 내가 무소가 되어 나를 한정 짓는 나의 학력과 배경에서 벗어나서 살고 싶었는데, 무소는 그런 나에게 이루지 못한 책 출간을 재촉했다. 세상이 외면할지라도 내게 한 걸음 나설 수 있는 용기를 주었고, 꿈을 향해 가도록 이끌었다.

무소처럼 우직하게 꿈을 좇는 사람은 나뿐만이 아니다.

『세상이 나를 몰아세울 때? 가드를 올리고 도망치지 말 것』의 저자, 황진규 작가는 어릴 적에 이루지 못한 꿈을 이루고자 30대 후반에 프로 복서로 데뷔한다. 그에게 복싱 선수는 오랜 꿈이자, 진정으로 원하는 삶으로 향하는 티켓이었으리라.

KFC의 창업주인 할랜드 샌더스는 엄청난 성공에 가려진 그의 기나긴 암흑기는 많은 사람에게 교훈을 준다. 그는 65세에 켄터키 프라이드치킨(KFC)을 시작했다. 40살이 넘을 때까지 안정된 직업이 없던 샌더스, 그러던 그가 자신만의 치킨 레시피를 만들어 미국 각지를 돌며 자신의 레시피를 소개했으나 수백 번의 거절 끝에 웬디스 식당에서 기름지고 짭짤한 켄터키 프라이드 치킨을 선보였다고 전해진다. 그의 레시피에 대한 확신과 열정으로 그의 꿈을 이뤘다. 그는 90살에 급성 백혈병으로 세상을 떠나기까지 열정적인 사업가로 살아왔다.

　무소가 이끄는 대로 난 나의 첫 책 출간해서 오래된 나의 꿈을 이뤘다. 무소가 다시 나를 어디로 이끌어갈지 모르겠지만, 뿔이 향하는 곳을 가다 보면 나의 두 번째 책이 나오지 않을까 기대한다. 이번에는 당신의 오래된 꿈을 이룰 차례, 함께 무소의 뿔이 향하는 곳으로 고개를 들어 당신이 이루고 싶은 꿈을 향해 가기를 기원한다.